열정을 품다, 돈을 벌다

Jay Park
Moonjeong Kim
Donghwan Kim
Jisun Jung
Lia Kim
Sangmuk Lee

박재범
김문정
김동환
정지선
리아킴
이상묵

Preface

돈과 성공에 대한 이야기는 많습니다. 어떻게 돈을 벌어서 성공에 이를 것인지 묻는 사람에게는 수많은 해답지가 주어집니다. 아이러니하게도 해답지는 해답이 되기 어렵습니다. 도리어 세상에서 롤모델로 생각하는 기업가나 창작자는 아무도 가지 않은 길을 걸은 경우가 많습니다. 안전한 해답지보다는 리스크가 수반되는 모험을 주저없이 선택합니다. 우리는 이런 이들을 게임체인저라고 부릅니다.

카카오뱅크와 매거진 ‹B›가 펴내는 책 ‹The Game Changers: 열정을 품다, 돈을 벌다›는 기성에 존재하는 무언가를 바꾸려고 시도한 사람들의 이야기입니다. 우리가 만난 여섯 명의 게임체인저는 외식업, 투자, 숙박, 엔터테인먼트 등 각자의 영역에서 당연하게 여기던 관습에 저항하며 새로운 물결을 만들었습니다. 모든 성공자가 게임체인저는 아니지만, 모든 게임체인저는 끝내 각자의 방식으로 성공에 다다릅니다.

박재범, 김문정, 김동환, 정지선, 리아킴, 이상묵. 이들은 분야와 재능이 각기 다름에도 불구하고 돈과 성공의 길만을 좇지 않았다고 공통적으로 말합니다. 전형적 멘트처럼 들릴 수 있지만, 여섯 명의 커리어를 자세히 들여다본다면 이 말의 숨은 뜻을 확인할 수 있습니다. 돈과 물질적 성취는 단지 도구로 삼는다는 것. 그리고 그 도구를 가지고 다시 한번 판을 흔들 만한 변화를 모색한다는 것. 어쩌면 게임체인저는 그 누구보다도 돈을 긍정적으로 인식하는 사람들일 것입니다. 돈과 성취를 긍정적으로 인식해야만 성공의 본질을 제대로 파악할 수 있을 테니까요.

이 책을 접하고 난 후, 독자 여러분이 어떤 게임체인저의 이야기에 공감하게 될지 궁금합니다. 또 그 공감이 각자의 경험과 겹치면서 독자 여러분의 마음속에서 선명한 메시지로 자리잡게 되기를 기대합니다.

이 책에 담긴 인터뷰 내용은 카카오뱅크의 콘텐츠 서비스 '돈이 되는 이야기'에서도 볼 수 있습니다.

Contents

Jay

Park

박재범

뮤지션,
모어비전·원스피리츠
대표

대담하게
변화의 길을 걷는
멀티플레이어

미국 시애틀에서 태어나고 자란 박재범은 한국에서 2008년 보이그룹으로 데뷔해 이름을 알렸다. 2009년 그룹 탈퇴 뒤 솔로 활동을 시작했고, 무대 위에서 관객을 매료시키는 뮤지션이자, 프로듀서, 힙합 레이블의 수장으로 활약하며 자신만의 길을 개척하고 있다. 최근에는 현실에 안주하지 않고 소주 브랜드를 론칭해 사업가로서 진면모를 보여주는 중이다. 명확한 목표는 성공으로 가는 출발점이자 나침반이라고 말하는 박재범은, 어떤 일이든 하는 만큼 돌아오는 법이라며 후회나 미련이 남지 않도록 생각을 행동으로 옮기고 최선을 다할 것을 강조한다.

적절한 부담은
창조의 원동력이다

Part 1

—— 오늘은 방송과 공연 스케줄이 없다고 들었어요. 이런 날은 하루를 어떻게 보내나요?

아침에 일어나면 채소와 과일을 갈아 만든 스무디를 마시고 밖으로 나가 달리기를 합니다. 달리기로 땀을 흘린 후 집으로 돌아와 1인 사우나에서 땀을 한 번 더 빼요. 집에 사우나실을 설치했거든요. 이후로는 그날의 미팅 일정에 따라 움직입니다. 원소주WON SOJU 팀과 논의할 사항이 있다면 원소주 사무실로 향하고, 이후 모어비전MORE VISION 사무실로 이동해 회의를 합니다. 방송 스케줄이 많을 때는 업무 미팅과 회의에 참석하기 어려우니까, 이런 날 주로 사람들을 만나요.

—— 쉬는 날일 수도 있는데, 바쁘게 움직이네요. 늘 이렇게 계획적으로 움직이나요?

계획적이긴 한데, 일반적으로 생각하는 계획과는 차이가 있을 거예요. 저는 명확한 목표가 곧 계획이라고 생각해요. 그래서 이루고 싶은 목표를 세우면 생각을 즉각 행동으로 옮겨요. 세부 계획을 세세하게 짜며 나아가는 스타일은 아니죠. 일단 할 수 있는 일은 다 해봅니다. 어떤 목표를 이루려면 얼마만큼의 노력이 필요한지 알아요. 그리고 무엇이든 하는 만큼 돌아온다는 걸 누구보다 잘 알기 때문에 바로 행동하는 거예요.

—— 노력을 기울여도 모든 일이 늘 뜻대로 되는 건 아닐 겁니다. 혹시 모를 변수에 미리 대비하나요?

아니요. 일어나지 않은 일을 미리 걱정하지는 않아요. 쉽게 멘탈이 흔들리지도 않죠. 제가 무척 끈질긴 성격이에요. 될 때까지

밀어붙이죠. '실패하면 어쩌지?'라고 생각하면 선택과 행동이 목표에서 벗어나기 쉬워요. 자신에 대한 믿음 없이 무슨 일이든 성공할 것이라고 혹은 좋은 성과를 낼 것이라고 기대해서는 안 돼요. 반드시 해낼 수 있다는 자기 확신이 필요합니다. 변수에 대비해도 또 다른 변수가 생길 수밖에 없으니 결국 시행착오를 통해 해결책을 찾고 배우죠. 이런 마음으로 무슨 일이든 최선을 다하면 안 돼도 후회나 미련이 남지 않아요.

—— 또래보다 사회생활을 일찍 시작했어요. 장단점이 분명히 존재할 것 같습니다.

일찍 사회에 나와 상상할 수 없을 만큼 다양한 경험을 한 건 큰 자산이에요. 다양한 사람을 만났고 단체 생활, 사회생활에 적응하는 법을 남들보다 일찍 터득했죠. 한편으로는 삶을 너무 빠르게 압축해 살아낸 건 아닌가 하는 기분이 들 때도 있어요. 때때로 제가 하는 말이나 태도가 애늙은이 같다는 생각이 들어 아쉽기도 해요. 그래도 어쩌겠어요, 이게 제 운명이고 팔자인데요.

—— 그 운명이 대단한 성취를 만들어낸 게 아닐까요? 힙합 레이블 에이오엠지AOMG, 하이어뮤직H1GHR MUSIC, 원소주, 가장 최근에 설립한 모어비전까지 계속해서 사업에 뛰어드는 동기가 무엇인가요?

사업이 하고 싶어서 회사를 만든 게 아니에요. 솔로 활동을 시작하며 '언젠가 내 회사를 차려야지'라는 생각을 한 번도 한 적이 없어. 그냥 그때그때 열심히 하다 보니 기회가 생겼어요. 그런데 저는 이 기회가 저절로 생겼다고 생각하진 않아요. 실은 제가 사람을 잘 믿지 못하고 의심도 많아요. 사회에 첫발을 내디뎠을 때, 주변에 신뢰할 수 있는 사람이 많지 않았죠. 기존 엔터테인먼트 시스템과 결이 잘 맞지 않았고요. 이런 고민을 하던 때에 함께 음악을 하고 싶은 사람을 만난 겁니다. 그래서 에이오엠지를 설립하게 됐어요. 초반에는 사업이 뭔지도 몰랐어요. 시작했으니까 부딪혀가며 막무가내로 일을 배웠지요. 하다 보니 잘하고 싶은 마음이 커졌고요. 직원 서너 명으로 시작한 에이오엠지는 훌륭한 임직원 덕분에 빠르게 자리 잡을 수 있었습니다. 그러고 나니 현실에 안주하고 싶지 않았어요. 거기서는 제 역할을 충분히 다했다고 판단했죠. 미련 없이 대표 자리에서 물러나 이후 하이어뮤직으로, 이어 원소주로, 그리고 가장 최근에는 모어비전까지 계속 원점에서 시작하고 있어요. 이런 도전이 제게 부담과 자극을 동시에 주는 원동력입니다.

—— 계속해서 스스로를 채찍질하는군요.

할 거면 뭐든 제대로 하고 싶어요. 늘 앞으로 나아가며 발전하고 싶고요. 제가 파급력이 있고 에너지가 넘칠 때 이 일에 온 힘을 다 하려고요. 무슨 일이든 생각하기 나름인데, 과감한 선택이 미래를 밝게 비추고 성장시킨다고 믿어요. 누군가는 자신에게 지나치게 가혹하게 군다고 하겠죠. 그런데 그 무게와 부담감이 그리 버겁진 않아요. 저에게는 신경 쓰는 만큼, 열심히 시간을 투자해 노력하는 만큼 잘된다는 믿음이 있어요.

—— 원소주는 엔터테인먼트 비즈니스와 완전히 다릅니다. 유명세를 이용해 이름만 빌려주는 이들과 달리 사업에 적극 참여해 원소주를 시장에 안착시켰어요. 원소주의 성공이 전통주 시장을 활성화했을 정도로 화제가 됐고요.

음악과 음식, 주류가 지닌 공통된 속성 중 하나가 언어가 통하지 않아도 함께 즐길 수 있는 문화라는 점이에요. 여기서 도전해볼 만한 가치가 있다고 판단했어요. 예상했던 대로 엔터테인먼트 비즈니스와 주류 사업은 완전히 달랐어요. 제가 주류 전문가도 아니라서 낯선 경험뿐이었죠. 잘 모르는 일, 처음 하는 일이 힘든 건 당연해요. 쉽다면 누구나 할 수 있을 테고, 그랬다면 저는 도전하지 않았을 겁니다. 원소주를 만들며 가장 공들인 일은 마음 맞는 파트너를 찾는 일이었죠. 주류 업계의 고수를 만나야만 했고, 사람 대 사람으로 신뢰할 수 있어야 했어요. 운이 좋게 그런 파트너를 만나 원소주가 세상에 나올 수 있었습니다.

—— 출시 전부터 어마어마한 관심을 받으며 예상치 못한
      어려움에 직면하기도 했다고요?

생산량이 수요에 따르지 못하는 품귀 현상이 빚어져서 제품 공급에 난항이 있었어요. 증류식 소주라는 주종 특성상 까다로운 제조 공정과 양조 기술을 요구하는 탓에 생산량 한계를 극복하는 게 사업 최대의 과제였죠. 지금은 초기의 화제성을 넘어 제품력 자체로 인정받을 수 있을지 알아보는 단계예요. 주류는 유통 채널을 확보하는 일이 만만치 않아요. 앞으로 계속 채널을 늘려야 하고 수출도 신경 써야 해요. 신제품도 개발 중이라 일이 끝이 없네요. 그래도 편의점에 가서 주류 판매대를 둘러보면 참이슬과 화요 옆에 원소주가 자리한다는 게 얼마나 신기하고 뿌듯한지 몰라요.

—— 가장 최근에 설립한 모어비전에 관한 이야기도 해볼게요.
      모어비전의 설립 목표를 아이돌 제작이라고 밝혔어요.

오래전부터 훗날 아이돌 제작을 하고 싶다고 말해왔어요.
그 시기가 생각보다 좀 빨리 온 거죠. 비보이로 시작해 아이돌도
해보고 한 회사에 소속돼 활동해보고, 회사를 만들기도 했어요.
영입한 아티스트들도 잘되고, 제 커리어도 잘 유지하며 쉼 없이
달렸죠. 그간의 경험을 바탕으로 저만의 관점으로 아이돌을
제작할 수 있을 거라는 확신이 생겼습니다.

—— 박재범이 제작하는 아이돌은 어떤 차별점이 있을까요?

저는 무슨 일이든 남들과 다르게 하고 싶어요. 누구나 가는 길이나
정답은 따르고 싶지 않아요. 다른 사람과 경쟁해서 이기고 싶다는
말이 아닙니다. 무엇이든 시작하면 더 잘하고 싶은 욕심이 저를
움직이게 만들어요. 다양한 경험과 나의 감각, 함께하는 이들을
믿고 가는 거예요. 이제 시작 단계라 우리가 기획하는 아이돌이
어떤 스타일을 추구하는지 정해진 건 아니에요. 다만, 저의
신념에 공감하고 서로 영향을 주고받을 수 있는 이들이 모여서
만드는 것이니 전형적인 스타일은 절대 아닐 겁니다. 이것만큼은
분명하게 말할 수 있어요.

—— 아티스트로서 정상에 올랐는데, 갑자기 에이오엠지를
      시작한다고 했을 때 주변의 반응이 어땠는지 궁금합니다.

에이오엠지를 시작할 땐 주변 사람 모두가 말렸어요. 걱정과
염려의 목소리가 컸죠. 부모님도 말리셨어요. 지금보다 훨씬
어렸고, 제가 어떤 사람인지 사회적으로 증명한 게 없었죠.
익숙하지 않은 길이라 제 선택을 이해하지 못하는 건 당연하다고
생각했어요. 사람들을 이해시키는 데 꽤 오랜 시간이 걸릴 거란 걸
예상했죠. 그래도 저에겐 목표가 있었고 그 과정이 5년이 걸리든,

10년이 걸리든 해낼 자신이 있었어요. 저는 남들이 뭐라 하든 신경 쓰지 않아요. 도전하는 용기가 있고 정말 끈질겨서 안 되면 될 때까지 하거든요. 그동안의 커리어로 증명했기 때문에 이제는 주위에서 제가 하는 선택을 무조건 응원해줍니다.

—— 사업을 계속해서 잘 이끌기 위해서는 사람들과의 관계가
    무엇보다 중요할 겁니다. 좋은 파트너를 만나 관계를 잘
    맺고 유지하는 자신만의 노하우가 있나요?

기준은 단순해요. 신뢰를 쌓는 거죠. 나아가 누구나 각자의 입장이 있다는 걸 이해하게 됐어요. 저는 오랜 시간 제 노력으로 모든 일을 할 수 있다고 믿었어요. 살다 보면 그렇지 않은데 말이죠. 이제는 상대방의 관점에서 한 번쯤 생각해보려 해요. '내가 그 사람이라면 어떻게 했을까?', '나라면 무엇을 바랄까?' 이런 마음을 가지면 제가 해야 할 일과 할 수 있는 일이 선명하게 드러나더라고요. 물론 처음부터 이런 태도를 가진 건 아니에요.

—— 그런 마음의 변화가 일어난 특별한 계기가 있나요?

팬데믹을 거치면서 달라졌어요. 음반과 방송 스케줄, 해외 일정 등으로 모든 미팅과 회의에 참석하긴 어려웠는데, 팬데믹 시기에 발이 묶여 회사 일에 조금 더 집중할 수 있었어요. 직원들과 긴밀하게 소통하고 비즈니스 미팅도 많이 다니면서 새로운 인연도 맺었고, 그들에게 일하는 태도를 많이 배웠습니다. 실은 얼마 전까지만 해도 기업 문화, 투자, 운영 등에 무지했어요. 여전히 잘 안다고 할 순 없지만요. 예를 들어 어떤 회사가 새로운 일을 제안하면 '나한테 사기 치려고 하나?'라는 생각을 할 때도 있었죠. 개인의 노력, 한 회사의 힘으로는 한계가 있는 일이 있고 부족한

리소스, 자금, 네트워크 등은 협업을 통해 채워나갈 수 있다는 걸 이제야 비로소 깨닫게 되었어요.

—— 일 욕심이 대단한 것 같습니다. 워라밸은 상상할 수도 없을 것 같은데, 일과 삶의 밸런스를 맞추는 데 어떤 노력을 하나요?

휴식에 익숙하지 않아요. 여유롭게 지내고 싶다고 말하면서도 마음이 조급해요. 조급해서 애쓰는 느낌이랄까요? 부담을 내려놓고 편하게 지내야지 싶다가도 15년 넘게 이렇게 살아와서 그런지 쉽게 달라지지 않네요. 어쩔 수 없이 일과 삶이 연결돼 있어요. '내가 손 놓고 있으면 안 돼'라는 생각 하나로 여기까지 와서 그래요. 제가 크고 작은 일을 많이 이뤄봤잖아요. 온전히 제 노력으로 이뤘고요. 목표를 이루기까지의 과정은 늘 너무 힘든데, 제가 한 만큼 주변에 기회가 생기는 게 좋고, 또 그렇게 서로 믿을 수 있는 존재가 된다는 게 정말 좋아요.

—— 명언 제조기라는 수식어가 괜히 붙은 게 아닌 것 같군요.(웃음) 포털 사이트에서 '박재범'을 검색하면 '박재범 성공 노트', '박재범 명언 모음' 등의 콘텐츠가 꽤 많이 나온다는 걸 알고 있나요?

진짜요?(웃음) 제가 인터뷰를 많이 해서 그런가요? 그런 콘텐츠가 있는지 몰랐어요. 누군가를 의식하거나 가르치려고 일부러 좋은 말을 하는 건 아니에요. 느끼고 생각하는 걸 말하는 것뿐인데. 저의 진심이 누군가에게 좋은 영감을 주고 희망을 줬다면 그 자체만으로 감사할 일이네요.

본업과 전혀 다른 분야의 도전이었지만, 수많은 시행착오 끝에 성공적으로 선보일 수 있었던 원소주. 원소주의 등장과 큰 대중적 인기가 한국의 전통주 시장을 활성화할 것으로 전망된다.

Part 2

돈이
삶의 태도를 바꿀 순
없다

──── 대중은 박재범이 돈을 얼마나 벌었는지 궁금해합니다.
일찌감치 이룬 성공과 그에 따른 보상을 동경하죠. 돈,
즉 경제적 풍요로움이라는 가치가 삶에서 차지하는
우선순위는 어느 정도인가요?

돈을 좇으며 산 적은 결단코 단 한 번도 없어요. 어릴 때부터
돈이나 물건에 대한 욕망이 거의 없었어요. 큰돈을 벌기 시작하면
차를 비롯한 여러 사치품 쇼핑에 돈을 펑펑 쓰기 쉬운데 저는 이런
데 별 흥미가 생기지 않더라고요. 특정한 물건에 애착이 있거나
모으는 성격도 아니고요. 어렸을 때 집안 사정이 어려워지는
위기가 있었어요. 그때, 돈이 있어야 가족끼리 싸우지 않고
행복하게 잘 살 수 있다는 걸 깨달았어요. 저는 가족의 행복을
지키는 수단으로 돈을 벌고 싶었던 것 같아요. 돈을 벌어서 가족과
친구들을 지원하는 게 제 행복이에요.

──── 돈에 초연한 태도를 지닌 것처럼 보이네요?

당장 돈이 급한 삶도 아니고, 무리하게 사업을 벌리며 돈을 벌
이유도 없죠. 돈을 쥐면 쓸데없는 우월감과 권력에 취하는 사람도
많지만, 저는 그렇지 않아요. 잘하고 싶은 일에 대한 욕심을 가지면
돈은 자연스럽게 따라온다고 생각해요. 뭐, 래퍼로서 재미를 위해
성공과 돈에 관한 플렉스 무드 가사를 한 줄 써서 작은 재미를 줄
순 있겠죠. 하지만 저는 그런 삶과 완전히 동떨어져 있어요. 내가
얼마나 버는지, 지금 통장에 얼마가 있는지도 몰라요. 여태까지
부모님이 관리하고 있어요. 그래서 부모님이 마음대로 쓰시지만,
그냥 그런가 보다 하며 살고 있습니다.(웃음) 적자만 아니면 돼요.
부모님이 편하게 생활하실 수 있는 기반을 제공해드릴 수 있어서
그 자체로 좋아요. 만약 위기가 닥치면 금전 상황을 자세히

들여다보고 상황을 바꿀 방법을 모색하겠죠. 감사하게도 그런 상황은 오지 않아 지금은 이대로가 좋아요.

—— 다 큰 성인이 모든 재정 관리를 부모님께 일임하는 게
   괜찮은 걸까요?

제가 욕심이 없어서 가능한 겁니다. 돈을 잃어도, 마음대로 써도 불만이 없으니까 괜찮아요. 금융이라는 영역이 저희 사업과 치밀하게 엮여 있는데, 사실 제가 잘 몰라요. 그런데 금융권에서는 그런 저한테 관심이 참 많고…. 아이러니하죠?(웃음) 그래서 관련 일은 재무, 경영에 특화된 분들에게 맡기고 그들의 조언을 귀담아듣고 따릅니다.

—— 경제적으로 크게 손해를 본 경험도 있나요?

왜 없겠어요. 잘된 일만 밖으로 드러나니 모든 일이 수월한 것처럼 보이지만, 절대 그럴 리 없죠. 구체적으로 말할 순 없지만, 몇억이 되는 돈을 까먹기도 했어요.

—— 그런 경험이 일과 삶을 바라보는 관점이나 돈에 대한
   태도에 변화를 가져왔나요?

아니요. 돈이 제 삶의 태도를 바꿀 순 없어요. 돈 몇억이 별거 아니라는 뜻이 아니에요. 정말 큰돈이죠. 그렇지만 타인으로 인해 손해를 보았다고 해도 저는 그 사람을 책망하지 않아요. 그럴 수 있죠. 손해를 곧 실패라 단정 짓지도 않아요. 그 경험이 자산이 되어 새로운 도전에서 성공 가능성을 높이는 역할을 한다고 생각해요. 돈을 불리고 잘 관리하는 일에는 무지할지 몰라도 저는

어떻게든 돈을 벌 자신이 있어요. 지금 같은 직업이 아니라 해도 어떤 환경에서든 살아남을 자신, 밑바닥부터 차근차근 배워가며 돈을 벌 자신이 있죠.

—— 개인적인 소비 중 가장 가치 있던 소비는 무엇인가요?

지금 부모님과 함께 살고 있는 집이죠. 개인적인 소비는 사람들에게 밥 사고 술 사는 게 다예요. 쇼핑도 일 년에 한두 번 할까 말까 해요. 2015년에 벤틀리를 샀는데 세 번 정도 탔어요. 그랬더니 그마저도 아버지가 팔고 예전에 타시던 토요타 캠리로 바꾸셨더라고요.(웃음) 편히 타고 싶으시대요. 그 밖에 돈 쓸 일이 거의 없는데, 아! 회사 차리는 데 돈을 썼네요. 모어비전과 원소주를 만들기 위해서.

—— 사사로운 것엔 지갑을 닫고 큰 것에 투자를 하는군요.

어떤 흐름에 뒤처지거나 소외되는 것에 대한 두려움, 포모FOMO(fear of missing out)가 전혀 없어요. 얼마 전에 아이폰 15가 나왔잖아요? 내년엔 아이폰 16이 나오겠죠. 옷도 이번 트렌드에 맞춰 사면 이내 다음 시즌이 돌아와요. 이런 걸 따라가기 시작하면 끝도 없어요. 지금 고장난 컴퓨터를 1년째 쓰고 있어요. 불편한데, 어느 순간 익숙해져서 그냥 써요. 작동만 되면 괜찮아요.(웃음) 저는 이런 상황에 적응을 잘해요.

—— 지금 당장 돈으로 무엇이든 살 수 있다면 무엇을 사고 싶어요?

글쎄요. 음식, 내가 편히 머무는 공간, 비행기 비즈니스석,

이 세 가지 말고는 떠오르는 게 없네요.

—— 상당히 현실적인 답인데요? 사실 이 질문을 던지며 아주
추상적인 답변을 들을 거라 예상했어요. 이를테면 세계
평화 같은.

세계 평화를 살 수 있다면 당장 사야죠. 아픈 사람도 사라지고,
배고픈 사람도 사라질 수 있으니까. 천문학적인 돈을 가진 사람도
많은데 여전히 아프고 배고픈 사람이 많은 건 돈으로 세계 평화를
살 수 없다는 뜻이기도 하겠네요.

—— 스스로를 현실주의자라고 생각하나요, 아니면 몽상가라고
생각하나요?

현실적이지 않은 것을 현실로 만드는 사람. 아이러니한 면이
있죠? 저란 사람은 굉장히 현실적인 생각을 하는데, 지금껏 제
행보는 그다지 현실적이지 않아요. 목표나 꿈이 커서 몽상가처럼
보이겠지만, 그것을 이루는 방식은 지독한 현실주의자에 가까워요.

가수로서 무대에 오를 때 늘 착용하는 전용 인이어. 음악 활동에 대한 박재범의 열정은 여전하다.

Jay Park

그는 음악을 통해 치친감을 놓았고, 희망과 용기를 얻었다고 전한다. 이 마음을 앞으로도 잃고 싶지 않다는 말도 함께.

진정한 성공은
매 순간이 값지고
소중하다는 것을
아는 것에서
시작된다

Part 3

—— 유튜브에 출연해 제품 홍보 성격의 PPL 광고를 매우
열심히 하더라고요. 그게 또 색다른 웃음 포인트가 되는
것 같고요. 대놓고 제품 홍보를 하면 속물적으로 보이지
않을까 하는 걱정은 없나요?

광고가 뻔한데 아닌 척하는 것도 웃기지 않나요? 보는 사람도
광고라는 걸 알고 있잖아요. 그게 뭐라고. 할 땐 확실하게 해야
한다고 생각해요. 제가 100퍼센트 직장인은 아니지만 회사를
운영하면서 직원들의 고충을 이해하게 됐어요. 제품을 만들고,
광고를 기획하고, 수많은 사람이 힘쓴 결과 그 제품이 그 자리에
와 있는 거잖아요. 그렇다면 담당자들에게 성과가 있어야 또 다음
기회가 생기겠죠. 많은 사람의 노력을 생각하면 열심히 하는 게
당연해요.

—— 최근 MBC 예능 프로그램 '전지적 참견 시점'에 출연해
종합격투기 선수로 활약하다 은퇴한 정찬성 선수(2018년
박재범이 운영하던 회사 에이오엠지에 합류)에게 "이제 몸
아플 일보다 머리 아플 일만 남았다"라며 건네는 응원이
인상적이었어요. 어쩌면 이렇게 주변을 살뜰히 챙길 수
있나요?

나의 아티스트, 나의 직원, 내 가족, 나의 친구들이 진심으로
잘됐으면 좋겠어요. 그동안 운동만 해온 찬성이가 선수에서
은퇴해 앞으로 얼마나 다양하고 새로운 일들을 마주하겠어요.
당연히 선수 시절과는 다른 고민이 찾아올 테고 그런 고민을
헤쳐나가는 일이 만만치 않을 거라는 걸 누구보다 잘 아니까 그런
말을 했나 봐요.

———— 리더로서 자신을 어떻게 평가하나요?

어쩔 수 없이 리더가 됐어요. 앞서 사업을 하고 싶어 이 일을 시작한 게 아니라고 말씀드린 것과 같은 맥락인데요, 저는 리더를 하고 싶은 게 아니에요. 하지만 지금은 제가 이끌어야만 하는 상황이니까 책임을 다하는 겁니다. 적임자가 생기면 바로 자리를 내어줄 거예요. 계속 그래 왔고요. 하나님이 제게 주신 기회라고 생각하고, 그 기회가 헛되지 않도록 주어진 일을 열심히 하고 있습니다. 사람마다 성격이 다른 것처럼 감당할 수 있는 부담의 무게가 다 다른데 제가 감내할 만큼의 일과 기회가 주어진 걸로 생각해요.

———— 이미 큰 성공을 거뒀는데, 삶에서 성공은 어떤 의미인가요?

좋은 사람들이 곁에 있고 이들과 건강하게 값진 경험을 누린다면 그야말로 성공한 삶이죠. 많은 이가 삶의 좋은 조건을 갖추려 애쓰지만, 그런 것이 제 행복에 큰 영향을 미치지 않아요. 이를테면 차트 1위를 차지하거나 100억 원을 벌면 기분은 좋겠지만, 단지 그것만이 성공이라 규정하진 않죠. '가나다라'라는 노래로 차트 1위를 했던 때를 예로 들어볼게요. 무대 위에 오르는 건 저이지만, 그건 함께 일하는 모든 사람이 같이 일궈낸 성과죠. 이때 팀원 모두가 자신들이 해낸 일에 보람을 느끼고 1위 가수와 일하고 있다는 자부심이 생겨요. 그러면 저는 그들의 자부심에 기여할 수 있는 사람이 되어 행복감을 느끼고요.

———— 주변 사람들의 행복이 곧 자신의 성공이자 또 기쁨이군요.

네. 맞아요. 그리고 저로 인해 나의 아티스트, 직원, 내 가족, 나의 친구들에게 기회가 생기잖아요. 제가 그 사람들에게 계속 도움을 주기 위해서라도 이 자리를 유지하려고 노력합니다.

—— 좋아하는 일이 업이 되면 온전히 즐기기 어렵다고들
　　말해요. 여전히 음악을 즐기나요?

옛날처럼 음악을 대하고 즐기는 건 어려운 일이 된 게 사실이에요. 음원을 내면 바로 차트 순위가 나오고 손익을 계산하고…. 숫자가 늘 따라붙어요. 사람이니까, 기대에 못 미치는 숫자를 마주하게 되면 불안해지고 지난날의 성과와 비교하며 힘들어지기도 하죠. 그런데도 계속 즐기려 노력해요. 오랜 시간 순수하게 좋아했던 거니까. 저는 음악을 통해 자존감이 높아졌고, 친구도 생겼고, 희망과 용기도 얻었어요. 이 마음을 잃고 싶지 않아요.

—— 박재범처럼 아티스트이자 동시에 사업가를 꿈꾸는
　　이들에게 한마디 한다면요?

음… 엄청난 고생길을 걸을 준비가 되어 있지 않다면 시작하지 마세요. 높은 관심과 그에 따르는 보상이 감사하지만, 엄청난 책임이 따라요. 생각이 꼬리에 꼬리를 물고 이어져서 뇌에 과부하가 걸려 쉽게 잠 못 드는 날도 많습니다. 운이 좋아 쉽게 얻어지는 일이 얼마나 있겠어요? 멘탈이 약하거나 책임감이 부족하다면 절대 시작하지 마세요. 그리고 시작했다면 죽기 살기로 하는 거예요.

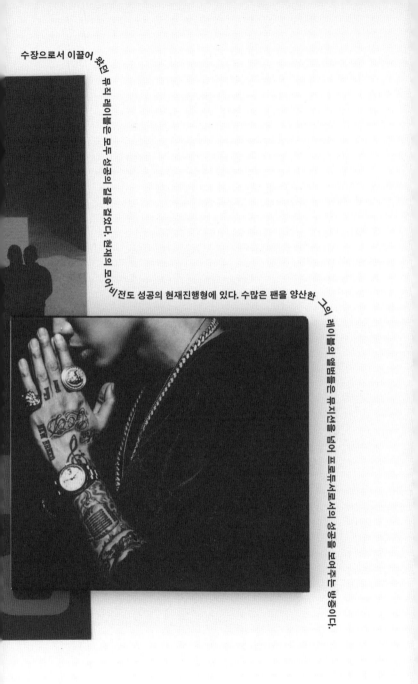

수장으로서 이끌어 왔던 뮤직 레이블은 모두 성공의 길을 걸었다. 현재의 모아비/전도 성공의 현재진행형에 있다. 수많은 팬을 양산한 그의 레이블의 앨범들은 뮤지션을 넘어 프로듀서로서의 성공을 보여주는 방증이다.

카카오뱅크 '돈이 되는 이야기'에서
박재범 인터뷰 영상을 만나보세요.

Moon

eong
Kim

김문정

뮤지컬 음악감독,
뮤지컬 전문
오케스트라
THE M.C 지휘자

자기확신과
자기긍정의 힘을 믿는
노력가

매일 저녁 라이브 공연을 하며 관객과 함께 3시간을 보내는 김문정은 하루를 48시간처럼 아낌없이 쓴다. 뮤지컬 ‹명성황후›의 건반 연주자를 거쳐 2001년부터 뮤지컬 음악감독으로 본격적인 활동을 시작한 이래 ‹레미제라블›, ‹맘마미아›, ‹레베카›, ‹맨 오브 라만차›, ‹서편제›, ‹미스 사이공›, ‹데스노트› 등 50여 편의 뮤지컬에서 음악을 담당했다. 작품의 완성도를 위해 완벽을 기하는 노력으로 ‘대한민국을 대표하는 뮤지컬 음악감독’으로 인정받은 그는, 함께 일하는 동료를 위해 체계적 시스템을 구축하는 일에도 적극적이다. 2004년 뮤지컬 전문 오케스트라 더엠씨 The M.C를 구성했는가 하면, 뮤지컬 음악 스태프를 위한 일종의 소속사 더피트 The PIT를 창립해 더 나은 창작 환경을 조성하는 데 힘을 보태고 있다. 김문정이 20대부터 지금까지 줄곧 ‘성공적 행보’를 이어왔다고 자부할 수 있는 건, 실패를 실패로 여기지 않는 태도 덕분이다. 좌절 대신 반성을, 어제를 돌아보는 대신 내일을 바라본다는 이 태도야말로 그의 큰 자산이다.

Part 1

성공의 기준도,
좌절의 기준도 직접
설정한다

—— 이제는 '대한민국 대표 뮤지컬 음악감독'이라는 수식어가 꽤 자연스러운데요. 이렇게 불릴 때마다 기분이 어떠세요?

누릴 수 있을 때 누려야죠.(웃음) 저에게 최고라고, 1순위라고 이야기해주시는 건데, 당연히 책임감도 느끼고 부끄럽기도 하죠. 자칫 오만해 보이지 않을까 조심스럽기도 했어요. 그럼에도 이렇게 말씀드리는 이유는 한 번쯤은 누구든 자기 분야에서 반열에 오를 수 있지만, 반면에 또 내려가기도 한다는 생각을 많이 하기 때문이에요. 정상에 있을 때 잘 누리고 베풀고 건네주고 내려가야겠죠. 이 자리를 다른 누군가에게 양보해야 하는 시기가 올 거라고 생각해요. 그래서 요즘에는 그런 수식어를 들으면 "맞습니다, 감사합니다" 하곤 해요.

—— 감독님은 좋아하는 분야에서 성공을 거둔 사람이기도 합니다. 여기서 두 가지가 궁금해지는데요. 우선 본인이 성공했다고 생각하나요? 만약 그렇다면 성공의 기준은 무엇인가요?

사실 인터뷰를 많이 해왔지만, 이런 질문은 저를 돌아볼 기회를 주는 것 같아요. 성공의 기준에 대해서는 깊이 생각해본 적이 없어요. 당연히 사람마다 성공의 척도가 다를 것 같은데요. 곰곰이 돌이켜보니 저에게는 '자기 만족'이라는 기준이 있지 않았나 싶어요. 그래서 나를 만족시켰던, 기분 좋았던 성공의 느낌이 무엇이었나 생각해봤어요. 사랑하는 아이들이 나를 자랑스러워할 때, 부모님처럼 가장 가까운 가족이 자랑스럽다는 말을 해줄 때, 저는 성공했다는 생각이 들더라고요. 물질적인 기준으로 보자면, 오케스트라 식구와 동료에게 걱정 없이 회식 비용을 쏠 수 있을 때, '이만하면 괜찮다, 잘 살아왔다'라는 생각이 들고요.

―― 공식적으로 인정받는 일도 성공의 기준에 포함될 수 있지
않을까요?

누군가의 인정보다 저 자신의 인정이 중요하죠. 특히 예술이라는
장르는 성공의 기준이 제각각이기 때문에 다른 무엇보다 자기
만족이 있어야 해요. 내가 나를 만족시키면 다른 사람의 만족은
부수적인 것이 될 테니까요.

―― 여러 매체에서 감독님을 접했을 땐, 좌절 없이 목표를
향해 꾸준히 잘 올라온 분이라는 생각이 들었습니다. 혹시
우리가 모르는 좌절의 경험이 있나요?

없어요.(웃음) 이런 이야기해도 될지 모르겠는데, 정말 없습니다.
좌절이라는 건 '더는 이 일을 하지 말아야겠다' 혹은 '꼴도 보기
싫고 때려치워야겠다'라는 생각이 들었을 때 찾아오는 것일
텐데요. 당연히 저에게 그런 시간이 없었던 건 아니었지만, 그걸
좌절과 연결 짓지 않았어요. 그저 있을 수 있는 일, 내가 겪어야 될
일, 지나갈 일로 생각했어요. 저는 항상 시간과 싸우고 있는데요.
특정 시간 내에 무언가를 완성해야 한다는 강박이나 뜻대로 되지
않았을 때 느껴지는 조급함은 있어요. 하지만 그것을 좌절로
받아들이는 순간에도 이미 시간은 흘러가고 있잖아요. 그래서 어떤
일이 닥쳤을 때 제가 가장 싫어하는 말이 '어떡하지?'예요. 아무
도움이 되지 않는 말이기 때문이죠. 해결해야 할 일이 발생하면,
가능한 여러 방법을 생각해요. 1번이 안 되면 2번으로, 그마저 안
되면 3번으로. 원인을 찾기보다는 해결을 먼저 하려는 편이에요.
원인 분석은 문제를 해결한 후에 해도 괜찮다고 보니까요. 정말
안 되는 일이라면 '안 된다'라는 결정을 빠르게 내리는 게 시간을
아끼는 방법이거든요. 뜻하지 않은 충돌과 마찰, 뜻대로 되지

않는 곡해와 오해 그리고 사람에 대한 상처도 있었어요. 그렇지만 그보다 더 중요한 건 제가 해야만 하는 일을 하는 거였죠. 그걸 해내기 위해 좌절하는 시간마저 아꼈고, 그래서 결론적으로 저는 좌절하지 않았어요.

── 성공의 기준처럼 좌절의 기준에서도 자신만의 확고한
     신념이 엿보이네요.

저는 늘 성공한 삶을 살았다고 생각했어요. 지금뿐 아니라 20대 때부터 앞으로 더 성공한 삶을 살 수 있을 것 같았어요. 그런 생각이 좋아하는 일을 즐기면서 할 수 있는 원동력이지 않을까 싶어요. 그렇기 때문에 그 어떤 순간에도 '지금 왜 나는 힘들고 안 풀리지?'라고 느끼지 않았어요. 반대로 지금처럼 많은 주목을 받고 사랑을 받을 때도 '나는 최고다'라고 느끼지도 않고요. 늘 자만하지 않으려고 노력합니다.

당연하게도, 많은 상을 받았다는 것은 해당 분야에서 남다른 역량을 증명했다는 뜻.

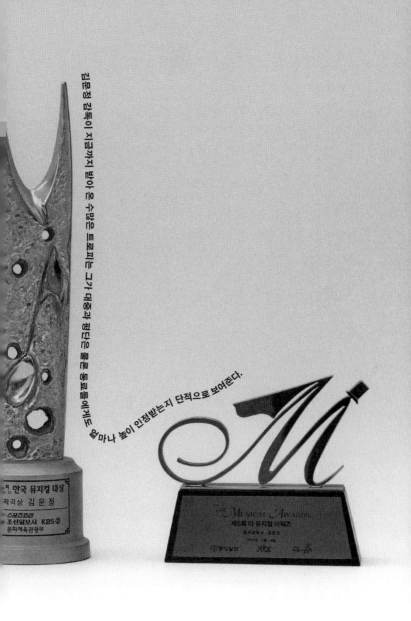

김문정 감독이 지금까지 받아 온 수많은 트로피는 그가 대중과 평단은 물론 동료들에게도 얼마나 높이 인정받는지 단적으로 보여준다.

Part 2

지금 이 시간을
차곡차곡 저축해
성공의 방향성을
만든다

—— 만나면 가장 먼저 묻고 싶은 게 '김문정의 시간
　　활용법'이었어요. 24시간을 48시간처럼 보내고 있잖아요.

인터뷰에서 가끔 이런 이야기를 한 적이 있는데요. 어렸을 때부터
어머니에게 '시간을 낭비하지 말라'고 교육받았어요. 어머니가
시간을 허투루 쓰는 걸 못 보셨거든요. 쉽게 예를 들자면,
우리집은 가만히 앉아서 텔레비전 보는 건 상상도 할 수 없었어요.
텔레비전을 보면서 빨래를 개던지, 김을 손질하든지 꼭 다른 일을
해야만 했거든요. 우스갯소리처럼, 이런 멀티태스킹이 자연스레
음악감독이 하는 일로 연결된 것 같다고 했는데요. 무대를 보는
동시에 음악을 들어야 하고, 연주자를 관찰하면서 무대 그림이
돌아가는 걸 봐야 하고, 관객의 숨소리까지 느끼면서 결정권을
쥐고 행동해야 하는 것이 공연 지휘자니까요. 농담처럼 했던
말이지만 영향이 없지는 않다고 생각해요.
　　　　또 어머니는 게으름을 허용하지 않았어요. 우리 집에서는
공과금을 제때 내지 않아 연체금까지 추가로 낸다는 건 용납이
안 되는 일이거든요. 단순히 돈의 문제가 아니라, 성실하지 못한
게 문제라고 생각하니까요. 지금도 다른 업무를 하면서 끊임없이
효율을 생각해요. 다른 일을 병행할 수 있도록 동선을 짠다든지,
약속 장소에 가는 동안 전화 업무를 본다든지 하는 식으로요. 또,
안 되는 일을 빨리 포기하고 되는 일에 집중해요. 뭔가를 결정할
때 신중하되, 결정을 하고 난 다음에는 뒤를 돌아보지 않아요.
돌이켜 보는 것 자체가 시간 낭비라고 생각하거든요. 빠르게
결정하고 그다음부터는 소신대로 밀고 나가는 게 오히려 시간을
절약하는 길이에요.

—— 빠른 결정에 후회할 때는 없나요?

있죠. 그럼 '다음에 더 신중해야지' 하고 생각해요. 좌절하는 게 아니라.

— 반대로, 시간을 비우는 법은 어떤가요? 계속 시간을 알차게 채우고, 낭비하지 않는 법에만 몰두하다가 갑자기 남는 시간이 생기면 어떨지 궁금해요.

사실 그게 제일 문제예요. 해마다 두 개의 목표를 세우는데요. 하나는 영어 공부이고 또 하나는 취미 찾기예요. 그런데 취미를 찾는 일은 여전히 어려워요. 남는 시간을 어떻게 보내야 할지 고민이 되거든요. 멍하니 있어 보려고도 노력했는데 제겐 너무 힘든 일이더라고요. 코로나 시기에 어쩔 수 없이 집에만 있어야 했는데, 그때 제가 집에 있는 걸 좋아한다는 것을 알게 됐어요. 온갖 물건을 꺼내 정리하고, 버리면서 남는 시간을 활용하는 법을 깨우치게 됐죠.

— 그 시간조차 가만히 있지는 않는군요.

리스트를 만들어서 하나씩 다 해치워요.(웃음)

— 오늘 하루는 어땠나요?

오늘은 여러 이벤트가 있네요. 먼저 새로 들어가는 작품의 '런 스루run through'를 했어요. 지난 6주간 작품을 조각조각 연습한 걸 한꺼번에 붙여서, 처음부터 끝까지 끊지 않고 해보는 작업인데요. 공연에 대한 기대와 설렘, 긴장감으로 가득 찬 오후 시간을 보냈습니다. 내로라하는 아이돌 친구들이 "너무 떨려요!"라고 하길래, 연습이니까 지금 마음껏 틀려두라고 이야기해줬어요. 지금

틀려야 공연장에서 틀리지 않는다고요. 그런데 생각보다 다들 잘해서 기분이 좋았습니다. 저녁에는 모처럼 이 인터뷰를 위해 시간을 비워뒀는데요, 생각보다 시간이 많이 남아서 뭘 어떻게 해야 할까 굉장히 설레고 있어요. 아마도 기분 좋은 하루였다고 일기에 적을 것 같습니다.

—— 하루의 루틴이 있나요? 언급한 일기도 루틴에 속하겠네요.

올해부터 저만의 아침 루틴을 본격적으로 체계화하기 시작했어요. 한 달 일기를 쓰고 있는데요. 오늘 무엇을 해야 할지, 어떻게 생활해야 할지를 기록하는 네 페이지 정도의 일기예요. 일찍 일어나서 좋아하는 음악을 LP로 듣고, 아티스트 서치를 하기도 하고요. 한 달에 한 권씩 독서하는 것도 지키고 있어요. 오늘 할 일, 어제 한 일을 정리하는 의미 있는 시간이에요. 가끔 너무 바쁘면 며칠 빼먹기도 하는데, 그럴 때 기억을 되돌려 기록해보는 것도 재미있고요. 저 자신을 분석하는 기회가 되더라고요. 채우면서 비우는 느낌이랄까요.

—— 흔히 '시간이 곧 돈이다'라는 이야기를 하곤 하죠. 청춘의 시간을 투자해 좋아하는 일에서 성과를 이루었는데, 이 시간을 돈으로 환산한다면 얼마쯤 될까요?

돈으로 환산이 될까요? 그때의 시간은 그 시간 나름대로 잘 썼다고 생각해요. 그런 질문 많이 하잖아요. "다시 청춘으로 돌아가고 싶은가?" 저에게 묻는다면, 지금이 좋다고 대답하겠어요. 성실하게, 부끄럽지 않게, 내가 원하는 것을 하나씩 즐기면서 열심히 살아왔다고 생각해요. 그리고 정말 치열했어요. 힘들고, 어렵고 무엇이든 빡세게 하던 그 시절을 다시 살아내기에는 이미 힘을 다 소진한 것 같아요. 지금의 제 상태가 적당하고 좋습니다.
그래서 돌아가고 싶지 않아요.

―――― 아마도 지난 시간을 후회 없이 보냈기 때문일 텐데요.
그럼에도 후회가 남는 결정이 있을 수 있잖아요. 후회를
후회로 생각하지 않는 방법이 있나요?

후회가 '반성'이 되어야 할 것 같아요. 가끔 저는 지금 내 삶이
표류하고 있나, 항해하고 있나 고민해봐요. 어떻게 보면 표류고,
어떻게 보면 항해죠. 공연을 치르고 집에 돌아오는 반복되는
일상에서 계속 이 자리만 맴돌고 있는 건 아닌지, 어떤 식으로든
앞으로 나아가고 있는지 헷갈릴 때가 있어요. 그런데 결론은,
지금 이 순간을 저축하고 있다는 거예요. 오늘을 소중하게 살면
이 시간이 차곡차곡 쌓여서 앞으로 나아가는 방향성이 생기지
않을까, 스스로를 다독이는 중이에요. 잘못된 공연, 실수한 공연에
대해 후회보다는 반성을 해서 개선점을 찾으려고 해요. 내일
실수가 생기더라도 모레 더 잘할 수 있는 걸 찾아서 잘해내는 것.
이것이 후회를 후회로 생각하지 않는 방법 같아요.

―――― 후회나 미련, 좌절 같은 부정적 감정으로 스스로를
괴롭히는 경우는 없다고 봐야겠네요.

그건 아니에요. 저는 MBTI로 따지면 '파워 F'예요. 공감을 잘하고,
속상할 땐 세상이 무너진 것처럼 속상해요. 감정이 해소될
때까지 몇 시간, 며칠 그 감정을 가져가다가 잊죠. 맺고 끊는
냉정한 판단을 내려야 할 때, 이런 성격이 방해가 된다고 생각했기
때문에 기분이 태도가 되지 않도록 노력하는 겁니다.

——— '최초' 기록도 많이 가지고 있습니다. 2004년 뮤지컬 전문
오케스트라 더엠씨를 만든 이유는 뭔가요?

2004년에 ‹맨 오브 라만차›라는 공연을 했어요. 그때 모인 여러
연주자가 연주력이 좋다는 칭찬도 많이 받고, 상도 많이 받았어요.
이들과 헤어지고 싶지 않아 무턱대고 시작한 거죠. 투자를 받거나
체계적인 시스템으로 출발한 게 아니라 그저 같이 있겠다는
마음으로 '연습실부터 만들자'라며 출발한 게 더엠씨였습니다.
해를 거듭하면서 인지도가 생겨 뮤지컬 음악인이 직업적으로
음악을 할 수 있는 시스템을 만든 것이 더피트이고요. 피트는
아시다시피 연주자가 머무는 공간을 뜻하는 단어인데요. 최근
몇 년 팬데믹을 겪으며 이를 위해 기획했던 원대한 꿈, 크고
작은 계획이 무산되었어요. 새롭게 생각을 가다듬고 동료들에게
방향을 제시하도록 노력 중이에요. 뮤지컬 연주자, 음악인, 뮤지컬
스태프와 함께 직업적으로 단단한 체계를 구축하고 싶었어요.
감사하게도 좋은 작품을 만나 특혜를 받은 선배 입장에서, 그들과
공유하고 싶은 부분이 많았기 때문입니다.

——— 지금의 위치에서 뭔가를 결정할 때, 여러 후배에게 미칠
영향에 대한 것도 염두에 두나요?

누구보다 좋은 영향이 있기를 바라고, 사람들이 더 많은 관심을
가져주길 바라요. 그래서 지금보다 더 개선되고 나은 방향을
모색하는 회사가 생겼으면 했어요. 물론 계획대로 되지 않을
경우도 생각하죠. 그렇다고 노력을 멈출 건 아니에요. 이런
생각을 한 배경에는 뮤지컬 시장의 산업화가 있었어요. K-팝,
K-드라마, K-무비처럼 K-뮤지컬의 순서가 왔다고 생각해요. 이미
대중예술의 한 분야로 자리 잡고 있기 때문에, 뮤지컬 스태프라는

일 역시 단순히 젊었을 때 반짝 경험해보는 알바로 그쳐선 안 된다고 생각해요. 생계를 책임져야 하는 중년 가장이 되어서도 꾸준히 할 수 있는 직업이 되어야 하죠. '왜 우리는 사대보험도, 직업인으로서의 혜택도 못 받고 시스템 안에 존재하지 못하는지'를 고민했어요. 그래서 더피트를 만들고자 했던 거예요. 앞서 말씀드린 것처럼, 예술인은 늘 같은 기준으로 일하지 않고 생각도 자유로워요. 일반 회사의 잣대를 들이대면 강압이 될 수도 있어요. 전체를 아우르면서 소수를 존중하고, 다수의 활동을 보장하기 위한 고민은 계속할 생각이에요. 제가 해결책을 찾지 못하더라도 이런 고민을 하는 선배가 있었다는 걸 후배들이 기억하고, 함께 고민해준다면 언젠가 좋은 시스템을 만들 수 있지 않을까요.

2021년에 펴낸 첫 번째 에세이집 〈이토록 찬란한 어둠은

그가 어떤 과정을 거쳐 현재의 자리에 올 수 있었는지 알려준다.

늘 성장하는 삶을 사는 그의 일과 삶에 대한 철학과 태도를 온전히 느낄 수 있는 책이다.

Part 3

완벽한 시간을
만들어내는 게
곧 투자다

—— 열심히 자기 분야에서 최선을 다하는 이유 중에는
　　 경제적 이유도 있을 겁니다. 일을 하는 데 있어서 경제적
　　 풍요로움이 차지하는 비중은 어떤가요?

일을 할 때 제 나름의 순위가 있어요. 첫 번째, '이 작품이 나를
꼭 필요로 하는가?' 하는 존재감이에요. 내가 여기서 꼭 필요한
사람이라는 것이 타의와 자의, 두루 느껴져야 일을 할 수 있어요.
두 번째는 즐거움이에요. 일을 하면서 즐겁고 동료와 작품, 음악이
즐거워야 해요. 세 번째는 돈이라고 할 수 있어요. 나를 필요로
하는 일을 즐겁게 하면서 보상도 따라와야 하죠. 이렇게 순위를
매길 수는 있지만 재미있는 건, 3순위가 아무리 충족된다 해도
1순위와 2순위를 따라가지는 못한다는 것이에요. 대신 1순위가
제대로 충족되면 2, 3순위는 따라올 수도 있더라고요.

—— 일을 시작한 순간부터 돈이 줄곧 3순위였을까요?

정말 조심스러운 이야기지만, 저는 지금까지 돈을 버는 게 어렵지
않았어요. 바꿔 말하면, 사실 돈을 벌기 위해 일을 한 적이 없어요.
스스로 재미있다고 느끼는 일을 하고 있는데, 돈을 받았어요.
이것이 성공한 삶이라면, 아마 그럴 거예요. 좋아하는 일을 하면서
보상을 받는다는 것 자체가 쉽지 않죠. 세상 모든 사람이 그렇게
살 순 없으니, 이 일을 직업으로 만난 것이 감사하고 행복할
따름이에요. 음악이 너무 하기 싫은데 돈 때문에 해야 한다는
생각을 해본 적이 없어요. 아마 모든 예술인들이 그럴 텐데요,
그림이 그리기 싫은데 그리는 사람이 없는 것처럼요. 좋아하는
일을 하는데, 잘한다고 심지어 돈을 더 주다니!(웃음) 물론 그렇기
때문에 성과가 나오지 않았을 때 가차 없이 보상을 받지 못하는
일도 생기지만요. 이 일은 저에게 넘치진 않지만 부족함 없이 하고

있는 경제 활동이에요.

—— 존재감과 즐거움이 높을수록 보상도 높아지던가요?

어느 순간 그렇게 된 것 같아요. 꼭 물질적 보상이 아니어도 내 이름에 무게감이 생기고 같이 일하는 동료에 대한 유대감 등으로 보상을 받으니까요. 돈 이외의 다른 재산이 형성된다고나 할까요.

—— 돈을 좇아본 적은 있으세요?

억지로 하기 싫은 일을 한 경우는 없었던 것으로 기억해요. 뮤지컬 커리어를 본격적으로 시작하기 전에 노래방 반주 아르바이트를 한 적 있었는데요. 일도, 연주 활동도 너무 재미있었어요. 대학에서 학생을 가르치는 일도, 방송 출연도, 뮤지컬 공연과 연습 모두 제가 재미있어서 하는 일인데 보상이 따라왔어요. 돈에 대한 욕심으로 뭔가를 해오진 않았어요.

—— 그렇지만 맡고 있는 뮤지컬 공연의 흥행은 고민이 될 것 같아요. 대중성과 예술성 사이에서 균형을 맞추는 것에 대한 고민 역시 다르게 말하자면 돈에 대한 고민 아닐까요?

공연에 대해서는 제가 생각을 바꾸는 쪽을 택해요. 작품에 따라 상업적으로 가야 하는 경우가 있는데, '내가 좋아하는 건 여기까지만 욕심 내자' 하는 식으로 생각을 고쳐먹죠. 그렇게 하지 않으면 제가 가장 좋아하는 공연이 하기 싫은 일이 되어버려요. 의욕도 생기지 않고 성과도 좋지 않고, 당연히 공연도 잘될 수가 없죠. 안 되는 건 빨리 포기하고, 되는 건 더 열심히 될 때까지. 그렇게 하고 있어요.

—— 경제적 실패 상황을 경험한 적이 있나요?

일을 하고 보수를 못 받은 적은 있죠. 옛날에는 그런 일이
비일비재했어요. 보상이 따를 거라 생각하고 작업했는데, 정작
보수를 줘야 하는 회사와 연락이 안 되는 경우요. 공연 예술은
재료비가 드는 게 아니어서 시간과 열정에 대한 보상을 누구에게
증명하고 요구하나, 이런 문제가 많았어요. 그것이 꼭 '경제적
실패'는 아니었지만요.

—— 개인으로서 음악감독 활동을 하는 것과 더피트라는
        회사를 운영하는 것은 여러 의미에서 다를 텐데요. 회사를
        설립하면서 돈에 대한 개념이나 관점이 바뀌지는 않았나요?

더피트를 함께 시작한 것은 맞지만, 공동대표직은 고사했어요.
회사는 이윤을 창출하는 곳인데, 제가 그걸 잘해낼 자신이
없어서요. 돈에 대한 개념이나 철학이 확고해야 회사를 이끌 수
있을 텐데 저는 그저 음악감독으로서 좋은 아이디어를 제공하는
게 더 맞는 것 같아요. 수익을 만들어내는 건 전문가가 해줬으면
좋겠다고 말한 상태예요. 뮤지컬에 활동 기반을 두는 더엠씨보다
더피트는 이윤을 목표로 하는 회사 느낌이 강해요. 제가 대표를
맡으면 섣불리 지키지 못할 약속을 하거나 실수하는 부분이 생길
것 같았어요. 제가 크고 작은 아이디어를 내면 대표님이 실효성이
있을지 고민해줘요. 이런 식으로 둘이 함께 일을 해나가다 보면
좋은 결과를 만들지 않을까요.

—— 돈에 대한 철학은 없다고 했지만, 소비에 대한 철학은
        있을 것 같아요. 아끼지 않고 지출하는 영역이 있다면
        무엇인가요?

먹는 것과 안전에는 돈을 많이 쓰는 편이에요. 먹는 것에는 웬만하면 돈을 아끼지 않아요. 또 멀리 여행을 가게 되면 안전을 위해 투자를 많이 하고요. 이 두 가지 영역만큼은 효율이나 가성비보다는 아낌없는 지출을 택해요.

—— 최근 가장 현명하게 돈을 썼다고 자부하는 것이 있다면요?

제 기준에서 매우 안전한 차를 산 것이에요. 강인한 신의 이름을 따 '제우스'라는 닉네임까지 붙여줬어요. 또, 작년에 영혼까지 끌어모아 전망이 좋은 아파트로 이사했는데요. 전셋집이라 자가는 아니지만 정말 만족해요. 하루의 시작과 끝을 함께하는 집이 이렇게 편안하고 나를 안아줄 수 있는 공간이구나, 새삼 느껴요. 요리와 청소에도 더 재미를 붙여서 자주 하게 되었고요.

—— 돈 모으는 것에 재미를 느끼는 사람과 돈 불리는 것에 재미를 느끼는 사람, 둘 중에 어떤 유형에 속한다고 생각하나요?

겁쟁이 새가슴이라서 여태까지 투자를 적극적으로 해본 적은 없어요. 그렇지만 저축은 꾸준히 했어요. 은행권에 계셨던 어머니 영향도 있었고, 아버지도 공무원 출신이셔서 어린 시절부터 소액이라도 돈이 생기면 무조건 통장에 입금하는 게 습관이 되었거든요. 그래서 저축은 여러 개로 분산해서 하고 있어요. 정기예금이 몇 개 있고, 어느 정도 금액이 채워지면 다른 예금으로 옮기기도 해요. 또 예금자보험도 있고요.

—— 그렇다면 적어도 저축에 있어서는 전문가일 것 같은데요. 저축에 관해 조언을 해준다면요?

소액 투자로 여러 군데 분산해놓는 게 안정성 측면에서 좋다고
알고 있어요. 저축이 수익률은 높지 않더라도 원금과 이자를
보장하는 가장 안전한 방식이기 때문에 선호하는 편이에요. 어떤
상황이 발생했을 때 원금을 찾기 어려운 보험도 선호하지 않고요.

―― 예술인이 궁금해할 만한 금융이나 경제 정보가 있다면
    무엇일까요?

제 주변에는 뮤지컬 음악을 하거나 연주를 하는 예술 계통
프리랜서가 많은데요. 이 분들에겐 돈이 많이 들어오는 성수기와
돈이 많이 들어오지 않는 비수기가 있어요. 그래서 자금을 일정한
흐름에 맞게 관리하기가 어려워요. 목돈을 받았을 때 어떻게
은행에 맡기면 안정적인 흐름을 만들 수 있을지, 어느 정도 장기
예치를 해놓으면 나중에 노후 보장을 받을 수 있을지 궁금해요.
프리랜서를 위한 자유로운 예금이나 적금 같은 것도요.

―― 돈이 어느 정도 모이면 투자에 대한 관심도 자연스레 생길
    것 같아요. 경제 유튜브나 책을 찾아보며 공부하고 싶은
    분야가 있나요?

투자 종목을 찾아보고 싶은 생각은 있는데 적당한 때를 기다리는
중이에요. 투자 쪽을 한번 파기 시작하면, 공부하며 푹 빠질 것
같아서요. 어느 시기가 되면 꼭 찾아봐야지 마음만 먹고 있어요.

―― 작은 돈으로 시작해 목돈을 만드는 저축처럼, 매일 작은
    목표를 차곡차곡 쌓아 크게 만드는 것을 지향하나요?

맞아요. 작은 목표를 이루는 것이 저에겐 더 의미가 커요.

뮤지컬 공연은 매일이 라이브라서 돌이킬 수 없는 시간이 제게 주어지는 것이거든요. 제가 종종 듣는 질문 중 하나가 '앞으로의 꿈과 계획'인데요. 제게는 오늘을 잘 보내는 것이 꿈이고 계획인 셈이에요. 저녁 7시부터 10시까지, 3시간 남짓한 시간 동안 말 그대로 관객과 호흡을 함께한다는 것이 얼마나 큰일이겠어요. 공연의 막이 내리고 무대에 불이 꺼진 순간, 시간 속으로 사라져버리는 것이 우리가 하는 예술이라고 생각해요. 그 시간이 정말 소중하기 때문에 공연을 만드는 모두가 최선을 다하고, 관객은 그 시간을 공유하고 싶어 비싼 비용을 지불하면서 오는 거고요. 우리가 하는 순간의 실수가 관객에게 실패로 느껴지기 때문에 무조건 완벽한 시간을 만들어내야 해요. 또 그렇게 만든 시간은 저에 대한 투자가 되지요. 나를 위한 항해라는 생각으로 하루하루 열심히 보내고 있습니다.

뮤지컬 〈맘마미아〉 피아노 악보의 메모를 통해 그의 꼼꼼함과 완벽주의를 엿볼 수 있다.

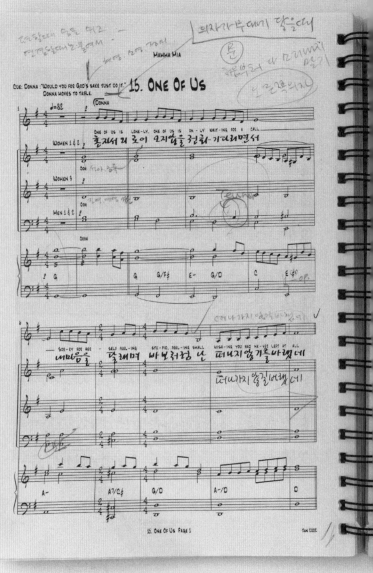

작은 지휘봉을 들고 서있는 그는 누구보다 강력한 카리스마를 발산한다.

Moonjeong Kim

카카오뱅크 '돈이 되는 이야기'에서
김문정 인터뷰 영상을 만나보세요.

Dong

nwan
Kim

김동환

경제전문가,
삼프로TV 대표

우직하면서도
진취적인 태도의
전략가

30대의 젊은 나이에 금융사 임원 대우 자리에 오르며 누구보다 빠르게 성공한 경제전문가 김동환은 현재 경제 종합방송 채널 삼프로TV의 공동대표로 활동하며 239만 명(유튜브 2024년 4월 기준)의 구독자들에게 늘 실용적 콘텐츠를 제공하고 있다. 스스로 일군 성공만큼이나 실패도 다양하게 경험해본 그는 상황의 변화에 떠밀리지 않고 인생의 중요 결정을 스스로 할 수 있는 주체성이 경제적 성공의 기준이라며, 이를 위해서는 부분보다는 전체를 보는 시야와 일희일비하지 않는 무덤덤함, 그리고 꼭 필요한 상황에서만 에너지를 쓰는 물리적, 정신적 강약조절이 필요하다고 말한다.

성공의 토대는
성취와 실패를
반복하며 얻어낸
자신감

Part 1

—— 삼프로TV의 규모가 생각보다 더 커서 놀랐습니다. 2018년 1월 릴리즈한 첫 방송을 기준으로 하면 불과 6년 만에 이룬 성과이기에 더욱 놀랍네요.

성장을 위해 아직 갈 길이 멀지만, 그렇게 봐주셔서 감사합니다.

—— 대표님의 사무 공간도 인상적입니다. 텔레비전 세 대가 끊임없이 경제 콘텐츠를 재생하고 있고, 벽에는 멋진 그림도 걸려 있네요. 경제전문가이기 때문에 그림 하나도 예사로워 보이지 않는데, 혹시 개인적으로 투자한 작품인가요?

아, 아닙니다. 그저 제가 좋아해서 걸어둔 그림입니다. 원래 미술품을 아주 좋아해요. 감상도 즐기고요. 그림을 투자 대상으로 생각하지는 않습니다. 지극히 주관적이잖아요. 제가 좋아하는 작품이라고 객관적으로 투자 가치가 높은 것도 아니죠. 반대로 수익을 위해 감흥이 느껴지지 않는 작품에 투자하는 것도 지양합니다. 순수하게 취미 생활로 즐기고 있어요.

—— 투자에 대한 명확한 관점과 그 실행이 경제전문가로서, 또 경제 콘텐츠를 제작하는 삼프로TV의 대표로서 성공할 수 있었던 중요한 요인이었을 것 같은데요. 스스로 성공한 삶을 살고 있다는 생각이 들 때 느끼는 감흥이 있나요?

제가 성공한 직장인이나 기업가라는 생각은 단 1초도 해본 적 없습니다. 물론 간헐적으로 크고 작은 성공의 희열이나 만족의 순간은 있었습니다. 30대에 좋은 퍼포먼스를 내면서 팀의 헤드를 거쳐 이사 대우라는 직급에 올랐을 때와 성공적 투자로 경제적 자유를 얻게 되었을 때, 그리고 삼프로TV를 성장시키면서 투자자와 구독자들과 일체감을 느꼈던 순간 등이 그렇죠. 그런데 이런 몇몇 성공의 편린들을 제외하면 대체로 '나는 왜 이렇게 엉망일까?', '나는 어디로 가고 있는 걸까?'와 같은 불안이 더 컸어요. 지금도 이런 가운데에 있는 것 같고요.

—— 상당히 의외의 답변인데요. 그런 편린들이 더해져 성공을 이루는 게 아닐까요? 스스로는 성공을 어떻게 정의하는지 궁금합니다.

경제적 관점에서 본다면, 현재는 물론 미래에 이르기까지 내가 진정 의미를 두고 하고자 하는 일들을 어떻게 해나갈지 '주체적으로' 계획하고 실행할 수 있는 토대. 이것이 성공이라고 봅니다. 내가 주체가 되어 선택하고 결정하는 것과 상황의 변화에 따라 어쩔 수 없이 대응하는 것의 격차는 굉장히 큰 거예요. 이런 의미에서의 성공이라면, 저는 직장인으로서 하는 일이 모두 잘되었고 수입도 가장 높았던 2010년 즈음에 경제적 의미에서 성공했다고 할 수 있어요.

—— 스스로 이룩한 경제적 성공이 이를 위해 노력해온 시간을 보상한다고 생각하나요?

그렇지 않습니다. 많은 분들이 성공을 종결의 의미로 생각해요. 그러니까 '어디까지는 성공을 위한 과정이고, 그 결실을 맺으면 그때부터 성공' 이런 식인 거죠. 저는 아니라고 봅니다. 성공과 실패는 계속 반복되는 거라 성공했다는 느낌이나 안도감이 불과 몇 초 사이에 실패에 대한 두려움으로 바뀌기도 하잖아요. 그래서 보상이라고도 생각하지 않습니다. 다만 이런 감정들을 오랫동안 반복적으로 느끼면 자신감이 생기는 거죠. 그건 더 성공할 수 있다는 확신이나 실패의 나락으로 빠지지 않을 것 같다는 안도감으로 이어지고요. 소위 말하는 성공한 분들도 24시간, 365일을 늘 성공에 대한 확신으로 산 게 아니더라고요. 그들도 성공의 가능성은 높이고 실패의 위험성은 상대적으로 줄여온 게 아닌가 생각합니다.

—— 그럼 대표님은 어떤 방식으로 성공의 가능성을 높여왔는지 궁금합니다.

늘 고민을 많이 했어요. '어떻게 하면 성공적으로 자금을 운용할 수 있을까', '어떻게 고객과의 관계에서 좋을 거래를 할 수 있을지'를 항상 생각했죠. 이런 생각을 일에 어떻게 적용할지도 늘 고민했고요. 또 한 가지를 꼽자면, 다른 사람보다 조금 더 진취적으로 제 환경과 처지를 바꾸려 노력했던 것 같아요. 안정적으로 직장을 다니던 1997년도에 과감하게 2년 동안 유학을 떠난 것처럼 말이죠. 직장 생활을 얼마나 할지 모르겠지만, 20년이라면 2년은 그중 10퍼센트고, 30년을 해도 6퍼센트가 넘어요. 그 기간동안 내가 다른 환경을 경험할 수 있는 기회인데 그게 작습니까? 절대 아니죠.

—— 일에 대한 깊은 고민과 진취적 마인드를 갖췄으니 실패의 경험은 없을 것 같습니다.

그럴리가요. 저는 전형적 도시 빈민 청년으로 다양한 경험을 하면서 성장했습니다. 2006년 제가 서른아홉 살 때는 미국으로 훌쩍 떠나 모자와 신발을 팔았어요. 당시 이미 억대 연봉을 받고 있던 금융사 최연소 임원 대우가 뉴욕의 한 동네에서 장사를 하는 상황이 벌어진 거죠. 창업 초기가 특히 힘들었어요. 2006년 1월에 창업했는데, 정확히 5개월 만에 창업 자금을 전부 소진했으니까요. 2006년 6~7월이 가장 힘들었던 시기였어요. 절대 잊을 수 없는 시기라 정확히 기억합니다. 저 자신과 일, 가족 그리고 신과 같은 절대자에 대해 굉장히 많은 생각을 했던 시기입니다.

—— 미국에서 장사를 했던 경험이 참 흥미로운데요. 당시
  사업을 어떻게 마무리 지었는지 궁금합니다.

사업 초반에는 실패를 인정할 수밖에 없었어요. 언제든지 돌아와서 서울에서 함께 일하자는 분들도 있었는데, 실패해서 돌아가고 싶지 않았어요. 또 당시 딸아이가 미국에 아주 잘 적응해서 성장하고 있었거든요. 딸이 그러더군요. 한국에서 좋은 차 타고 멋진 레스토랑과 호텔에 데려가는 아빠보다 늘 청바지 차림에 허름한 트럭을 모는 아빠가 훨씬 좋다고요. 물리적으로도 가족들과 더 많은 시간을 보내니 아내도 행복해했고요. 그때 저는 마음과 머리 속 정리가 필요했어요. 왜 여기에 있어야 하는지 명쾌하게 정리되지 않으니 계속 고뇌했던 거죠.

그러다가 어느 날 이런 생각이 들었어요. 제가 스물여섯 살 때부터 직장생활로 돈을 벌면서 부모님을 도와드리고 결혼을 하고 가족을 부양했는데, 이게 일의 목적이었다고 착각하고 있었더라고요. 엄밀히 생각해보니, 제 성공에 대한 열망과 만족감을 충족시키기 위해 성공한 것이고, 가족을 부양할 수 있었던 고액 연봉은 부산물이었던 겁니다. 가족을 위해 노동을 해온 게 아니었던 거죠. 이걸 깨닫는 순간 '지금까지 나만을 위해 살았는데, 앞으로 10년 정도는 가족을 위해 살아도 되겠다'라는 생각이 들었고 그때부터 마음이 편해졌어요. 공교롭게도 그 시점부터 비즈니스도 잘 풀리더라고요. 가게를 조금 더 운영하고 2008년에 귀국했는데, 3년간 큰돈을 벌지는 못했습니다. 다만,

사업 계좌에 처음보다 더 많은 돈이 생겼으니 결과적으로 실패한 건 아니라고 볼 수 있죠.

—— 성공과 실패의 경험을 거치면서 일을 대하는 마음가짐이나 일의 처리 방식이 달라졌나요?

전혀 달라지지 않았습니다. 사원이나 대리 때나 임원일 때도, 심지어 동료들과 사업을 할 때도 변화가 없어요. 그래서 가끔 스스로 문제가 있는 게 아닐까 싶기도 해요. 별로 진보가 없다고 느끼는 거죠. 과거 대리일 때의 마인드셋이 지금까지 유지된다는 건 항상성 측면에서는 긍정적일 수 있으나 진전이 없는 것으로 볼 수도 있잖아요. 어떤 비즈니스 기회를 포착했을 때마다 제가 그 일을 대하고 행하는 방식이 아주 유사한 패턴을 그린다는 걸 알게 되었어요. 보기에 따라서는 제가 변화무쌍하고 개방적이고 새로운 선택에 거리낌 없어 보일 수도 있는데, 어떤 부분에서는 늘 익숙한 선택을 하는 편이에요. 출근길도 길이 아무리 막혀도 늘 다니던 루트만 이용해요.

—— 이야기를 들어보니, 상당히 진취적이고 개방적인 데다 우직함까지 갖췄다는 생각이 듭니다. 이런 태도로 앞으로 더 이루고 싶은 성공이 있나요?

요즘 K-팝, K-드라마 등 K코드의 힘이 아주 커졌는데, 우리나라의 역량 중 아직 뒤쳐져 있는 게 금융이라고 생각합니다. 저는 금융과 경제를 다루는 삼프로TV 콘텐츠를 글로벌화할 수 있다고 봐요. 전 세계가 공통으로 사용하는 플랫폼이고, AI 기술로 언어의 장벽도 점차 극복하고 있어서 가능성은 더 높죠. 저희가 만드는 콘텐츠를 전 세계로 확산시켜 나름의 생태계를 형성할 수 있다면, 울산과

부산 등지에서 성공한 제조업만큼 혹은 그 이상으로 의미 있는 일을 해낼 수 있다고 생각합니다. 물론 쉽지 않은 일인 것은 맞죠. '그런 어려운 일을 왜 굳이 하려고 하느냐'라는 주변 시선도 적지 않고요. 그런데 시도조차 안 하면 나중에 너무 후회할 것 같아요.

힘든 시기에 늘 힘이 되어주는 성경책.

특히 미국에서 사업하던 당시 매주 교회를 찾아 예배를 하며 힘든 마음을 다스리곤 했다. 특히 하고 건드리기만 해도 눈물이 흘러내리던 시절, 그는 신과 같은 절대자에 대해 많은 생각을 했다.

Part 2

경제전문가이지만
숱하게 경험한
투자 실패

—— 이제 '돈'에 포커스를 맞춰 이야기를 나눠볼까 합니다. 미국에서 리테일숍을 운영하면서 '고액 연봉은 목표가 아닌 부산물'임을 느꼈다고 했는데, 반대로 돈을 최우선 순위에 둔 적도 있었나요?

30대, 특히 사회 초년병 시절엔 그랬습니다. 경제 여건이 빠르게 안정되길 바랐거든요. 당시 습관이 하나 있었어요. 한 달에 한 번 정도 내 자산이 얼마나 되는지 노트에 적고 지난 달과 비교해보곤 했죠. 제가 잘 사용하는 용어 중에 '경제적 실질實質'이라는 게 있는데, '경제적으로 도움이 되는 것'을 의미합니다. 당시 직장 동료나 후배에게 "그래서 경제적 실질이 뭐야?"라는 질문을 자주 하곤 했어요. 가족 관계나 건강에 치명적 문제가 없다면 경제적 성공이 최우선이었고, 그랬던 기간이 꽤 길었습니다.

—— 그럼 수입이 가장 높을 때는 언제였나요?

2009, 2010년이었습니다. 미국에서 했던 사업을 정리하고 2008년에 귀국해 그해 8월부터 다시 직장 생활을 시작했어요. 당시 직급은 상무였죠. 공교롭게도 그 직후에 금융위기가 터졌는데, 제가 다니던 기업에는 타격이 적었어요. 오히려 저한테는 엄청난 기회였습니다. 투자에 대한 좋은 아이디어가 말그대로 샘솟듯이 나왔고, 손을 대는 것마다 성공했어요. 기업의 임원으로서 퍼포먼스가 상당히 좋았으니 그에 대한 보상도 많이 받았죠. 경제적으로 선물을 받은 시기였다고 생각해요. 당시 번 돈으로 지금 살고 있는 아파트를 장만했을 정도니까요. 하루는 퇴근 후 귀가했는데 안도감 같은 게 느껴지더라고요.

—— 반대로 투자 등 경제적 측면에서 실패한 경험도 있나요?

1992년부터 1995년까지 참 안 좋았습니다. 일단 저축을 안 하고, 대출을 받아서 주식을 했어요. 지금 들으면 놀랄 수도 있는데, 당시 대출 금리가 16~17퍼센트였어요. 그러니 뻔하지 않겠어요? 증권회사 직원이긴 하지만 개인 투자에는 계속 실패했습니다.

—— 왜 그렇게 무리하면서까지 주식에 투자하려고 했는지 궁금합니다.

일단 자신감이 있었던 것 같아요. 금융사 채권부서에서 큰돈을 거래하다 보니 거래 단위 당 100억 원씩 오갔는데, 그 경험에서 돈에 대한 감각이 길러졌다고 생각한 거죠. 그리고 또 하나 경계해야겠다고 생각한 게 소비였어요. 제가 사회 초년생이었을 때 연봉이 일반 대기업의 두 배 정도였습니다. 지인들을 만나면 관행처럼 제가 매번 계산을 하게 되더라고요. 그러다 보니 버는 돈은 다 쓰고 저축도 못 한 거죠. 결혼할 때가 됐는데 모아놓은 돈이 하나도 없는 거예요. 당시 전세 3500만 원짜리 27평 집에 200만 원 깎아서 들어갔는데, 3300만 원 중 회사 대출이 2000만 원, 은행 대출이 1000만 원이었고 제 결혼 초기자금은 300만 원뿐이었어요. 무모하고 무책임하다는 생각에 부채 구조를 조정하고 투자도 정상적으로 해서 1997년도에 빚을 모두 상환했습니다. 그 이후에는 단 한 번도 대출을 받은 적이 없고요.

—— 이후에도 여러 투자를 해왔을 텐데, 경제전문가이기 때문에 늘 투자에 성공해야 한다는 부담도 느끼나요?

당연히 그렇죠. 보유한 주식을 다 팔아버려야겠다고 생각한 적도 있어요.(웃음) 이런 경험도 있습니다. 2020년 3월이었는데, 오랜만에 제 계좌를 확인해보니 오랫동안 가지고 있던 주식 한 종목이

75퍼센트 손실을 기록하고 있더군요. 돈에 대한 아쉬움과
창피함이 동시에 느껴졌어요. 그러자 바로 정리하고 싶은 마음에
마우스로 손이 가더라고요. 그런데 다시 정신을 차려서 추가로
매수했고, 이후 몇 년 후에 가장 큰 수익을 낸 종목이 되었죠.
경제전문가인 저 역시도 늘 잘하고 있는 건 아닙니다.

—— 경제전문가로서 투자에 있어 꼭 알아야 하는 개념이나
    지식을 꼽는다면 뭐가 있을까요?

많은 분들이 큰 관심을 가진 분야가 전통적으로는 집값과
주식이고, 요즘에는 코인인데요. 이 모든 분야의 가격을 규정하는
요소가 바로 '금리'입니다. 저는 이 금리를 가장 중요하게 보고,
늘 민감하게 반응하려고 해요. 금융 지식이 많지 않더라도 금리가
무엇인지, 현재 어느 정도 수준인지, 앞으로 어떻게 변화할지 등을
공부한 후에 투자 관련 결정을 하면 좋겠어요. 이렇게 하면 경제에
대한 지평이 더 넓어지는 것을 경험할 수 있을 거예요.

오랫동안 사용해온 넥타이와 볼펜. 그는 진취적이고 개방적인 성향이지만 한편으로는 늘 익숙한 선택을 하기도 한다.

이런 면모는 비즈니스를 전개함에 있어 우직함으로 발현된다.

Part 3

마라톤처럼 힘을
아끼고 에너지를
적절히 분배하는
것이 부자가 되는 길

—— 대표님은 이미 경제적 자유를 이루었습니다. 더는 경제
활동을 하거나 돈을 벌지 않아도 될 텐데, 여전히 열심히
일을 하고 있죠. 경제적 자유를 이루기 전과 후에 '돈을
번다'는 것의 의미가 사뭇 다를 것 같습니다.

솔직히 이런 이야기를 하기에 저는 아직 한참 모자란 사람인
것 같습니다. 제가 '월가의 투자 전설'이라고 불리는 오크트리
캐피털Oaktree Capital의 CEO 하워드 마크스Howard Marks를 인터뷰한
적이 있는데, 이 분이 한 말을 전하는 게 좋을 것 같네요. "77세에
그렇게 유명한 비즈니스맨이 되어 큰돈을 벌고 많은 이들의
존경을 받는 사람이 되었는데, 돌이켜보니 뭐가 정말 중요하던가?"
하는 질문을 던지니 돈, 건강, 관계 등 여러 이야기를 하면서
"돈은 스코어카드 같다"라고 말하더라고요. 이 점수표가 행복함을
나타내는 게 아니라, 그 사람의 스마트함을 나타낸다는 말과
함께요. 맞다고 생각해요. 누구에게나 좋은 스코어카드에 대한
열정이 있잖아요. 주말에 친구들과 골프를 즐길 때 사생결단을
내야 합니까? 아니죠. 좋은 스코어카드를 만들려고 하는 거잖아요.
물론 그렇다고 더 많은 부를 축적하려는 이를 비난할 필요는
없어요. 하워드 마크스 회장 주변에도 '왜 저렇게까지 돈을 벌어야
할까' 싶을 정도로 큰 부자가 되고 싶어 하는 사람이 많다고
하는데, 그들을 이해한다고 해요. 세계 최고의 부자가 되고
싶은 마음일 수도 있죠. 그런데 세계 최고의 부자가 되는 건 한
명이기에 대부분 실패할 거라고 봐요. 그렇기에 하워드 마크스의
스코어카드 이야기에 더 큰 울림이 있는 것 같습니다.

—— 그럼 지금까지 좋은 점수표를 만들어오면서 삶의 태도나
철학에도 변화가 생겼나요? 경제적 안정은 자존감이나
정서에도 많은 영향을 주는 것 같은데요.

부자가 되면 자선의 기회는 확실히 많아지는 것 같습니다. 하지만 명확히 비례한다고 할 수는 없어요. 자산이 10배가 되었다고 해서 자선 행위도 10배가 되는 건 아니죠. 타고난 천성이 훨씬 중요하다고 봅니다. 물론 선행의 유무를 선악의 기준으로 판단할 수는 없겠죠. 다만, 지나치게 비현실적이거나 극단적인 방식은 지양해야 한다고 생각해요. 절약을 할지언정 자린고비가 되면 안 되고, 관용적 삶을 살아간다 해도 자신의 경제 수준을 감안한 수준이어야겠죠. 이 사이의 어느 지점에서 자신의 위치와 방식을 정하고, 그 간극을 줄여나가는 게 좋다는 생각입니다.

—— 반대로 돈이 사람을 변하게도 합니다. 흔히들 '돈을 많이 버니 사람이 변했다'라고 표현하죠. 돈을 많이 벌게 되더라도 바꾸지 않아야겠다고 생각한 삶의 방식이나 태도가 있을까요?

글쎄요. 그런 생각은 별로 하지 않았던 것 같고, 오히려 달라졌으면 좋겠다는 생각을 더 많이 했습니다. 더 멋지게 돈 쓰는 법을 알게 되길 원했다고 할까요? 사실 저는 돈을 쓰는 방법을 잘 모르거든요. 그런데 이게 결심한다고 되는 게 아닌 것 같더라고요. 그래서 심각하게 생각하기보다는 '그냥 그럴 수 있는 상황이 만들어졌으면 좋겠다', '그런 상황이 생기면 나도 그렇게 할 수 있겠지'라고 생각하는 정도인 것 같습니다. 그리고 가끔이긴 하지만 멋있게 돈을 쓰는 상황이 생겨서 스스로에게 만족스러울 때도 있고요.

—— 그럼 평소 소비할 때는 어떤 기준을 갖고 있나요?

제 소비의 대가인 재화나 서비스의 수준이 기대한 범위에

딱 들어왔을 때 '괜찮은 소비였구나' 생각하곤 합니다. 특히 무형적인 것이요. 가령 가족 여행으로 호텔에 갔는데 제가 지불한 가격만큼의 기대치가 충족됐을 때 가장 만족스럽죠. 사실 개인적으로 무엇을 사려는 욕심이나 비싼 물건에 대한 집착은 없어요. 저는 고급 한우를 먹으면 속이 불편해요. 직원들은 비싼 음식 안 사주려고 하는 거 아니냐고 하지만 정말로 그렇습니다.(웃음) 시간이 더 흘러서 제 소비 생활도 좀 바뀌면 좋을 것 같다고 생각해요. 좀 더 다양해지고, 나를 위해 돈을 쓰기도 하고 말이죠. 그런데 아직까지는 어렵더라고요. 여전히 뭘 사는 걸 싫어하고, 쇼핑센터에서 1시간이 넘으면 머리가 아파오고요. 가끔은 스스로 약간 답답하기도 합니다.

—— 세상에는 대표님과 비슷한 목표와 성향을 가진 이가
    많습니다. 소비보다는 투자에 관심이 많고, 더 나아가
    부자가 되고 싶은 사람들이겠죠. 이런 분들에게 어떤
    조언을 해주고 싶은가요?

한 번은 중장년쯤 되는 여성이 너무 힘들다면서 저를 찾아온 적이 있어요. 1억 원가량 주식에 투자했는데, 소위 말하는 반토막이 났다는 거죠. 그런데 5000만 원 때문에 크게 힘들어하는 사람치고는 옷 차림새에 여유가 있어 보이더라고요. 사는 곳을 물어보니 우리나라에서 가장 비싼 아파트더군요. 투자라는 게 이렇습니다. 1억 원 대비 5000만 원은 상당히 큰돈이지만, 그분이 보유한 총자산을 기준으로 하면 5000만 원은 크지 않을 거예요. 반대의 경우도 있죠. 5000만 원을 투자해서 2000만 원을 벌었다고 세상을 다 얻은 것처럼 행동하는 분도 있었어요. 그분도 상당한 자산가였거든요. 물론 순간적으로 기분이 좋을 수 있겠지만, 저는 어떤 경우든 어느 정도의 '무덤덤함'이 필요하다고 생각해요.

그래서 특정 종목보다는 총자산 수익률이 중요하다고 말씀드리고 싶고요. 또 더 넓은 관점에서는 본인이 1차적으로 추구하는 부의 규모를 먼저 달성했으면 좋겠습니다. 일단 그 수준에 다다른 후에 다음 단계를 고민하면 되는데, 이 고민을 너무 이르게, 그것도 지나치게 소모적으로 하는 분들이 많습니다. 부자가 되려면 힘을 아끼고 에너지를 잘 분배해야 해요. 마라톤에서 우승하는 선수처럼요.

—— 돈과 투자에 대한 태도와 관점도 그렇지만, 부를 달성하기
    위해서는 어떤 직업을 갖느냐도 상당히 중요한 것 같습니다.

본인이 경제적으로 성공해서 큰 부자가 되고 싶은데, 돈을 많이 벌기 어렵거나 많이 벌면 불리한 커리어를 가져가는 경우가 있습니다. 극단적 예지만, 공직자인데 큰 부자가 되고 싶어 해요. 그럼 방법은 무엇일까요? 부정을 저지르거나 업무보다는 재테크에 몰두하는 것일 텐데, 두 가지 다 사회적으로 용인되지 않을 뿐더러 실패할 가능성이 크다고 봅니다. 그래서 본인이 진정으로 원하는 게 무엇인지에 대한 자기인식이 굉장히 중요하고 선행되어야 한다고 생각해요. 부자가 되고 싶은데 돈과 전혀 인연이 없는 권역에서 열심히 활동하면 인생이 힘들어질 가능성이 크니까요. 자신이 추구하는 우선순위를 정하는 것이 중요합니다.

—— 대표님은 이미 주변에 조언할 수 있는 위치에 올랐지만,
    반대로 대표님이 조언을 구하는 인물도 있을 것 같습니다.

과거 제가 사원이던 시절 과장이었던 선배가 있습니다. 자주 연락하지는 못하지만 중요한 결정을 해야 할 때 예외 없이 전화하거나 만나는 분이에요. 오랜만에 전화해도 제 목소리만

들으면 만날 일이 있는 것 같다고 바로 알아채는 분입니다. 또 한 분은 장인어른인데요. 제 고등학교 선배이자 멘토이십니다. 먼저 조언하시는 경우는 드물지만 제가 요청하면 늘 많은 도움을 주곤 하시죠.

—— 과거의 나에게 지금의 내가 직접 조언을 할 수 있다면 어느 시점의 김동환에게 어떤 이야기를 해주고 싶은가요?

음, 제가 후회를 하는 성격이 아니긴 합니다. '어쩔 수 없지', '나중에 잘하면 되지' 이런 생각을 더 하는 편인데요. 그럼에도 사회 초년생 때나 30대 때 사회에 더 공감하고 배려하면서 두터운 인간관계를 맺을 기회가 많았을 텐데, 너무 일과 성과 위주로 살지 않았나 합니다. 그러지 않았다면 조금 더 다양하고 풍성한 경험을 할 수 있었겠다 싶고요. 업무나 성과에서 벗어나 인간적으로 만날 수 있는 사람들을 사귀어보지 않겠느냐고 말해주고 싶네요.

꽉   부자

삼프로T

집

김동환은 누군가에게 사인을 해줄 때 항상 '꼭 부자되세요!'라고 적는다.

누군가 스스로 정한 경제적 목표에 도달할 수 있도록 응원하는 마음을 담아 긍정의 메시지를 전달한다.

Donghwan Kim

카카오뱅크 '돈이 되는 이야기'에서
김동환 인터뷰 영상을 만나보세요.

Donghwan Kim

Jung

정지선

티엔미미 오너셰프

성별의 편견을 깬
리더

'딤섬의 여왕'으로 불리는 중화요리 셰프 정지선은 고등학생 시절부터 요리 경력을
쌓으며 자기 분야에서 확고한 커리어를 만들었다. 강한 의지와 오기로 비칠 정도의
근면함으로 오너셰프 자리에 오른 그는 '여성이 성공하긴 어렵다'라는 업계의
통념과 의구심을 매순간 불식시키며, 같은 길을 걸으려는 여성들의 선구자로서
자리매김했다. 레스토랑 티엔미미 운영은 물론, 온라인 밀키트 제품 판매에
도전하고 딤섬 제조 기계에 투자하는 등 비즈니스 영역을 광범위하게 넓혀가는
그는 스스로 납득할 수 있는 성과가 진정한 성공이라며, 더 큰 만족을 목표로
한다면 이를 뒷받침할 경제력이 필요하다고 말한다.

Part 1

성공이란 스스로
납득할 수 있는
성과다

—— 안녕하세요. 요즘 근황이 궁금합니다.

티엔미미 운영을 포함해 비즈니스에 집중하고 있습니다. 현재
홍대점과 서촌점을 운영 중인데요. 홍대점은 머큐어 앰배서더
홍대와 함께 자리하고 있어 호텔 조식 손님과 외국인 방문객이
확실히 늘어났어요. 좋은 시너지죠. 서촌점은 현재 매장 이전을
계획 중입니다. 강남권으로 위치를 알아보고 있어요.

—— 방송에 비교적 자주 출연하는 것 같아요.

방송을 통해서 정지선이라는 여성 셰프의 존재를 널리 알릴 수
있었어요. 큰 소득이라고 생각합니다. 티엔미미의 주력 메뉴인
딤섬을 조금이라도 더 알릴 수 있는 기회이기도 하고요. 앞으로
제가 하는 비즈니스가 방송을 통해 알려지면 홍보 효과도 있겠죠.
전문 방송인이 아니다 보니 프로그램에 피해 주지 않도록 늘
열심히 해야겠다는 마음입니다.

—— 셰프님 인지도도 높아지고, 2020년에 오픈한 티엔미미도
      잘 자리 잡은 것 같습니다. 꾸준히 성장 중이고요.

네, 그런데 고민도 많아요. 특히 인력 문제요. 딤섬은 일반
만두와는 달리 고유의 기술이 필요하고, 이를 체득한 기술자가
필요한데 찾아보면 별로 없어요. 본인의 기술이나 노하우를
공유하지 않으려는 경향도 좀 있고요. 요즘은 웬만한 정보는
유튜브에서 다 찾을 수 있다고 하잖아요? 그런데 딤섬을
검색해보면 너덧 가지 종류밖에 검색이 안 돼요. 일반적으로 잘
알려진 샤오롱바오, 샤오마이 외에도 몇 천 종류가 있는데 정보가
없어요. 이런 부분을 널리 알리기 위해서라도 더 많이 성장해서

다양한 사업을 해보려고 해요. 현재 준비 중인 B2B 프랜차이즈를 통한 온라인 제품 출시도 이 일환이고요.

── '딤섬의 여왕'다운 시각과 행보네요.

국내에서 딤섬이라는 요리가 제대로 알려지지 않은 게 상당히 안타까워요. 온라인 제품을 준비하면서 여러 기업과 미팅을 진행했는데, 대부분 딤섬을 만두의 개념으로만 생각하더라고요. 물론 만두도 좋은 요리죠. 저는 딤섬이 만두보다 낫다는 게 아니라 엄연히 다른 요리라는 점 그리고 어려운 기술이 필요한 만큼 저렴하지 않은 메뉴라는 것을 알리고 싶어요. 그런데 이와 관련한 데이터가 별로 없는 것도 사실이에요. 이러니 대기업은 딤섬의 시장성을 확신할 수 없는 거고요. 저는 이 시장을 뚫어보려고 노력하고 있습니다.

── 매장 운영에서 사업까지 쉴 틈이 없을 것 같은데요.

다른 분들도 그렇게 말하던데, 제가 많이 바빠 보이긴 하나 봐요. 그런데 그럴 수밖에 없는 게, 저는 일 때문에 힘들면 다른 일을 해서 스트레스를 푸는 편이거든요. 예를 들어 매장에서 일을 하다가 스트레스를 받으면 공장으로 가요. 공장에서 하는 일은 판이하게 다르니까 거기에 집중하다 보면 새롭게 공부할 게 생겨요. 그때 그걸 파고들다 보면 매장에서의 스트레스를 잊어버리죠.

── 쉬어야 할 시간에도 일을 하면서 보내면 일을 두 배로 하는 셈인데, 더 지치지 않나요?

그렇지는 않아요. 그냥 제가 하고 싶은 일, 해야 하는 일일 뿐인 거죠. 많은 분이 여행을 좋아하잖아요. 저한테는 일이 그런 개념이에요. 내가 좋아하는 것을 즐기면서 하는 것.

—— 그만큼 일을 좋아하기에 뚝심 있게 한길을 걸어올 수
    있었다는 생각이 드는데요. 자신이 성공할 거라는 확신이
    있었나요?

음, 사실 저는 제가 성공했다는 생각을 해본 적이 없어요. 왜냐하면 아직도 제가 한 일에 만족하지 않고 있거든요. 지금도 계속 공부하고 계속 움직여야 한다고 생각해요. 여전히 성장하는 과정이라고 생각할 따름입니다. 그런데 예전과는 다르게 '조금 더 노력하면 이룰 수 있을 것 같다'라는 희망이 보이긴 해요. 처음에는 아예 몰랐던 부분에 대한 지식과 이해가 쌓이다 보니 이젠 100퍼센트까지는 아니어도 80~90퍼센트 정도의 확신은 생긴 것 같아요.

—— 그럼 셰프님이 정의하는 성공이란 무엇인가요?

자기 만족이요. 직접 이룬 것에 자기가 순수하게 만족한다면 그게 성공인 것 같습니다. 남들의 시선이나 평가는 중요하지 않아요. 아무리 칭찬을 많이 받아도 제가 만족하지 못하면 제게는 성공이 아니에요. 어찌 보면 저 자신에게 관대하지 않은 스타일일 수 있죠. 저한테 이런 생각은 대체로 발전적으로 작용하는데, 반대로 자신감이나 자존감을 떨어뜨릴 때도 종종 있습니다. 예를 들어 누군가 같은 분야에서 더 의미 있는 성취를 이뤘다면, 저는 스스로를 자책하는 편이에요. '난 왜 저 정보를 찾지 못했지?', '내가 공부한 게 이것밖에 안 되나?' 하면서 말이죠. 하지만 결국에는 더

노력해야겠다는 마음으로 이어지더라고요.

—— 늘 더 큰 성취를 이루려는 태도가 인상적입니다. 일을 처음
　　시작했을 때도 그런 성향이었나요?

늘 그랬던 기억입니다. 저는 돈을 벌기 위해 고등학생 때부터
아르바이트로 레스토랑 일을 시작했어요. 고등학교 졸업 후에
바로 뷔페 레스토랑에 입사했고요. 당시 11명의 주방 직원 중에
제가 유일한 여성이었어요. 체력적으로 많이 힘들었죠. 하루에
약 1만 명분을 만드는 곳이었거든요. 이런 곳은 1인분의 개념이
없잖아요. 한 번에 300~400인분을 조리하는 곳이었기 때문에
물리적인 힘이 많이 필요했어요. 포기하려고 한 적도 있었는데
1년을 버텼고, 그 과정에서 '힘이 부족하면 지식이 있어야
하는구나'라는 걸 알았습니다. 그래서 뒤늦게나마 대학교도
가게 되었고요. 물론 그 후에도 험난한 길이었죠. 여자였기에
더더욱이요. 성별을 떠나서 늘 열심히 했어요. 휴게시간에 잠자는
걸 이해하지 못했을 정도로요. 연습을 할 수 있는 시간이잖아요.
또 트렌드에 대한 공부도 늘 해왔고, 지금도 하고 있습니다. 매일
잠들기 전에 각종 정보를 찾아보며 다른 문화권의 요리와 문화에
대해 폭넓게 공부하려고 하죠.

—— 여성 셰프로서 힘든 부분은 없었나요?

여자라는 이유로 거절당한 경험이 여러 번 있어요. 이력서를 내고
퇴짜 맞는 일이 잦을 때는 생계가 끊길까 봐 항상 불안했어요. '사지
멀쩡하고 요리를 배우려고 중국 유학도 다녀왔는데 왜 받아주지
않을까?' 늘 이렇게 생각했죠. 솔직히 많이 울기도 했어요. 그래서
사부님들께 많은 도움을 받기도 했고요. 회원 수가 5000여 명인

한국중식요리협회가 있는데 여성 셰프는 저 포함 10명도 안 돼요. 사실 지금도 과거에 힘들었던 기억이 너무 강하게 남아 있어요. 아직도 불안이 남아 있죠. 그래서 무슨 일이든 거절을 잘 못해요. 의지가 있어도 거절당했던 경험이 트라우마가 되었는지, 스케줄상 하기 어려운 일도 거절을 잘 못하겠더라고요.

—— 그럼 셰프님 이후로는 여성 중식 셰프가 많아졌나요?

그렇지도 않아요. 여자 후배는 거의 없습니다. 그래도 제가 방송에 출연한 이후로 셰프를 지망하는 여성들에게서 SNS 메시지가 자주 오는 편이에요. "저도 할 수 있을까요?", "하고 싶은데 어떻게 해야 할까요?", "무엇부터 시작해야 할까요?" 이런 질문이요. 보통 답장을 잘 안 하는 편이긴 한데 이런 질문엔 다 답장해요. 주변에 오죽 물어볼 사람이 없으면 저한테 물어보겠어요? 하라고, 무조건 끝까지 해보라고 말해주죠. 심지어 "우리 교수님이 어차피 하기 어려우니까 포기하라고 하던데요"라는 말도 들었는데, 이럴 때는 "그 사람과 연을 끊어라"라고 말해주곤 해요.(웃음)

—— 본인의 경험을 기반으로 좋은 선배이자 멘토 역할을 하는 거네요.

그러려고 노력하죠. 저희 직원들에겐 외부 활동의 기회를 많이 주려고 해요. 주방에서 매일 똑같은 일을 하는 것보다 가끔이라도 바깥에서 다른 일을 경험하면 새로운 꿈이 생기지 않을까 싶은 거죠. 돈은 나중이라고 생각해요. '정지선과 함께 일하면 이런 경험을 하고 이런 공부를 할 수 있네'라는 걸 알려주고 싶어요.

—— 지금의 자리에 오기까지 후회되는 일은 없나요?

'조금 더 부지런히 열심히 할 걸' 하는 후회가 있어요. 특히 어학에 대한 후회가 커요. 그때는 왜 그렇게 공부를 안 했을까요? 스무 살의 저에게 좀 더 열심히 하라고 말해주고 싶네요.

그가 가장 집중하는 메뉴, 딤섬을 찌는 찜기. 해외에서 새로운 형태의 찜기를 수입하는 비즈니스를 계획할 정도로 관심이 크다.

그의 중화요리 조리도구들을 보면, 휴게시간에도 쉬지 않고 늘 연습하던 그의 노력과 열정의 흔적이 고스란히 남아 있다.

Jisun Jung

Part 2

경제력은
꿈을 이룰 수 있는
성공의 기반

—— 사람에 따라 성공의 목적은 다양할 테고, 돈을 많이 벌고
　　싶은 욕구도 그중 큰 부분을 차지하겠죠. 셰프님에게 돈은
　　우선 순위의 어디쯤에 있나요?

돈을 싫어하는 사람은 없겠죠. 돈이 있어야 하고 싶은 일을 할 수
있는 것도 맞고요. 그렇기 때문에 저는 당연히 돈을 벌어야 한다고
생각하고, 돈이 많을수록 내가 하고 싶은 일도 더 많아지고 성공
확률도 높아진다고 봅니다. 최근에 사업을 확장하면서 돈에 대한
생각을 더 많이 하게 된 거죠.

—— 돈이 목적이기보다는 하고 싶은 사업을 할 수 있는
　　기반이자 수단인 거네요?

네, 그런 셈이죠. 사실 저는 경제적인 부분에서는 지식이 많지
않은 사람이에요. 초등학생 때부터 적금을 들어 꾸준히 돈을
모으긴 했죠. 일종의 습관이에요. 정작 제가 얼마나 모았는지는
잘 모르는 타입이지만요. 그런데 사업을 하면서 '이런 부분 때문에
돈이 필요하구나', '이걸 하려면 건물이 필요하구나' 하는 생각을
하게 되었고, 이런 과정을 거치면서 돈에 대한 저만의 개념을
만들어가고 있습니다. 반면 현재 티엔미미의 대표직을 맡고 있는
제 남편은 이런 부분에 좀 밝은 편이에요.

—— 서로의 강점이 달라 다행이라는 생각이 드네요. 특히 매장
　　운영이나 경제적인 면에서 좋은 영향을 받을 것 같습니다.

남편은 매니저 업무에 자부심을 갖고 있어요. 또 숫자를 잘 보는
편이기 때문에 제가 도움을 받는 일도 많죠. 무엇보다 제가
자유롭게 일할 수 있도록 많은 부분을 이해해줍니다. 해외 출장도

잦고, 방송 촬영 때문에 집을 비워야 할 때도 적지 않은데 다 이해해줘요. 저의 숨은 조력자라고 할 수 있죠. 아, 제가 술 마시고 늦게 들어가도 뭐라고 안 하고요.(웃음)

—— 혹시 돈을 최우선에 놓고 일을 했던 시기도 있나요?

중국으로 유학 갈 때는 확실히 그랬어요. 돈이 필요할 때는 어떻게 일을 해서 돈을 벌어야겠다는 구체적 계획을 세우는 편이에요. 하지만 계획을 실행할 때는 돈 생각을 하지 않습니다. 즐기면서 조금씩 돈을 모으는 거예요. 계획에 맞춰 그저 몰두할 따름이죠.

—— 일을 해오며 가장 큰돈을 벌었을 때는 언제였나요?

가장 큰돈인지는 모르겠지만, 이렇게 많은 돈을 벌 수 있구나 하는 걸 느낀 적이 있어요. 레스토랑 컨설팅 일을 하면서요. 사실 컨설팅은 예전부터 해왔던 일이긴 해요. 제가 가진 지식과 기술이 아무리 많아도 매장을 계속 오픈하지 않는 한 노하우를 풀 방법이 없는데, 컨설팅을 하면 가능하잖아요. 그리고 꼭 돈이 아니더라도 파트너를 만족시키는 일이 너무 재미있었어요. 또 컨설팅을 진행할 때 저는 빈손으로 돌아온 적이 없어요. 그릇을 사든, 식재료를 사든 저 또한 새로운 경험을 하게 되니 공부도 되더라고요. 일례로 한 5년 전에 컨설팅을 하면서 볶음밥에 대해 교육한 적이 있는데, 되려 볶음밥 공부가 많이 됐어요. 제겐 보수보다 훨씬 더 큰 가치였습니다. 저를 성장시킬 수 있는 일이 많은 돈을 벌어주기도 하는 거죠.

—— 그럼 보유한 지식과 기술 수준이 높을수록 보수와 보람도 높아지겠네요?

그렇죠. 보유한 지식과 기술이 더 좋으면 일할 기회도 늘어나고 보수를 더 받을 수도 있죠. 공부의 원동력이 되기도 하고요.

—— 지금까지 성공에 대한 이야기를 나눴는데, 실패에 대한
      두려움은 없나요?

아까 이야기한 것처럼 여성 중식 셰프로서 늘 실패에 대한 불안이 있었어요. 불안이 너무 커서 늘 제 경험으로 실패를 막으려고 했고요. 제게 실패에 따른 두려움이 많기 때문에 직원들에게도 이런 부분을 많이 알려주려고 하죠. 실패는 누구에게나 무서운 일이지만 제게는 유난히 더 그랬고, 이후에도 실패하지 않으려고 더 많은 노력을 해왔어요.

—— 티엔미미가 어려웠던 적은 없나요?

있죠. 1호점을 오픈하고 6개월만에 팬데믹을 맞았어요. 직원 월급을 어떻게 줘야 하나 고민할 정도로 어려웠죠. 제 외부 활동도 끊긴 상황이라 더 힘들었고요. 그래서 배달에 도전해봤어요. 처음에는 '이렇게까지 해야 하나?' 싶었어요. 셰프가 배달을 한다니, 이건 자존심 문제일 수 있잖아요. 하지만 다 제쳐두고 어떻게든 매출을 올려야겠다고 마음 먹었습니다. 생존을 위한 선택이었어요. 그래서 또 배달을 깊이 공부했죠. 요리를 어떤 용기에 담을지, 포장은 어떻게 할지 등을요. 다행스럽게도 반응이 좋았어요. 고객분들께 감사한 마음도 컸고요.

—— 오너셰프이기 때문에 지금 말한 부분 외에도 매장 운영에
      관여해야 할 부분이 많을 것 같은데요.

매장 운영도 공부할 게 너무 많더라고요. 요리와 서비스, 운영은
전혀 다른 분야예요. 특히 세금 관련해서는 매번 어려워요.
세무서에 제가 매번 같은 질문을 해서 담당자분도 힘드실 거예요.
제가 사업을 계속 해나간다면 아마 평생 공부해야 할 분야겠죠.
매장 운영과 직접 관련된 건 아니지만, 투자도 제 업무와 관련된
분야에만 하고 있습니다. 딤섬을 만들 때 필요한 기계에 투자하고
있거든요. 당장은 아니지만 미래에는 수익도 생기고 업계 전반에
이로울 것으로 기대하고 있어요.

—— 투자를 하면서 어렵다고 느낀 부분이 있다면 무엇일까요?

100퍼센트 온전하게 경험하지 못하고 투자하는 데에 따르는
리스크인 것 같아요. 직접 사용해보지 못하고 영상만 보고 투자한
기계가 있는데, 이런 경우가 그렇죠. 저만의 확신으로 투자한 거라
수익이 발생하지 않으면 제 책임이잖아요. 그런데 이런 부분이
또 원동력이 되기도 해요. 불확실성을 극복하고 성공할 때까지
노력해야 한다는 뜻이니까요.

—— 혹시 기계가 아닌 다른 분야에 투자하려는 계획도 있나요?

요즘 딤섬 찜기에 관심이 커요. 중국에는 굉장히 다양한 형태의
찜기가 있는데, 한국에는 원형 형태밖에 없어요. 새로운 찜기를
대량으로 들여와서 한국에서도 팔 수 있겠다는 생각을 하고 있죠.
중식 셰프로서 충분히 제가 할 수 있는 범위잖아요. 제가 할 수
있는 최대한의 투자이기도 하고요. 사실 저는 요리 분야 외에는
관심도, 지식도 없으니까요.

—— 본인 일에 애정도 크고, 사업가적 기질도 상당한 것
　　같습니다.

사실 사업가가 무엇인지 잘 모르겠습니다. 그냥 셰프로서 요리와
관련된 사업이 굉장히 많은데 다른 사람들은 왜 하지 않을까 하는
생각이 컸어요. 제가 외국계 식품 브랜드에서 한국 담당 셰프로
3년 넘게 일했는데, 당시 해외 워크숍을 하면 중국, 일본, 필리핀,
말레이시아 등 각국 셰프들이 각자 소스를 가져와서 레시피를
공유하더라고요. 그때 깨달았어요. 소스 하나만 있으면 판매도
할 수 있고, 어떻게 활용할지 설명도 할 수 있고, 책도 낼 수
있다는 사실을요. 할 수 있는 게 너무 많더라고요. 그때 생각이 좀
많이 트였어요. 주방에 틀어박혀 있을 게 아니라 외부로 나가서
이것저것 해도 되는구나 하고요. 뭐든 할 수 있겠다 생각하게 된
거죠.

12>

작은 성취에 만족하지 않고 늘 스스로를 채찍질하는 그는 지금도 항상 공부하는 태도로 생활한다. 빼곡히 필기해 가며 공부한 흔적이 가득한 레시피 노트를 보면 그가 지금껏 이룬 성취들을 수긍하게 된다.

中国名菜

扬州大学　郑智善

Part 3

소모적 소비보다
미래 성장을 위한
소비에 집중한다

—— 그렇게 열정적으로 성장하면서 경제적으로도 풍요로워졌을
    텐데요. 그렇지 못했을 때와 비교해서 달라진 점이 있나요?

개인적으로 마흔이 된 뒤부터 해보고 싶었던 게 있었어요.
감사한 분들에게 정기적으로 마음을 표현하고 보답하는 거였죠.
제 인생에 큰 도움을 준 분이 있다면 꼭 특별한 날이 아니어도
선물을 드릴 수 있는 거잖아요. 제가 여유가 생긴 뒤로는 그런
표현을 통해 마음의 안정을 찾는 것 같아요. 사실 매번 주소를
입력하고 선물을 보내는 과정이 번거롭기도 한데(웃음) 이건 제
진심이고 저와의 약속이기도 하기 때문에 꼭 그렇게 하고 있어요.

—— 반대로 경제적으로 여유로워지더라도, 이것만큼은
    달라지지 않겠다고 마음 먹은 부분도 있나요?

돈이 목적이었던 적이 없어서 특별히 그런 생각을 해보진 않은 것
같아요. 제가 매장 두 곳을 운영하는 모습을 방송에서 본 이들이
"떼돈 버네" 같은 식으로 반응하는 걸 많이 봤어요. 사실 오해죠.
그런데 없어 보이는 것보다는 유능하고 돈 잘 버는 사람으로
보이는 게 좋다고 생각해요. 이런 이야기도 많이 들었어요. "어차피
끝까지 못할 것", "하면 얼마나 하겠어"라는 말이요. 오기가
생기고, 더 좋은 모습을 보이고 싶더라고요. 저에 대한 불신과
의문을 가진 사람들한테 제가 잘하는 모습을 보이는 게 어떠한
메시지일 수 있으니까요.

—— 누군가 부자가 되면 그의 돈만 보고 접근하는 이도 있죠.
    그런 데서 생기는 피상적 인간관계도 많을 것 같습니다.

그런 일이 있을 때 '내가 조금은 더 잘났나' 하는 생각이

들어요.(웃음) 요즘 들어 그런 분이 많아졌어요. 여러 부류가 있는데,
제 기준에서는 그냥 특이한 분들인 것 같아요. 주변에서는 유명세
때문이라고들 하고요. 물론 스트레스이긴 하죠. 현명하게 대처하는
노하우는 아직 생기지 않았어요.

—— 소비생활을 어떻게 하는지도 궁금합니다. 지금까지 가장
　　현명했다고 생각하는 소비가 있나요?

저는 소비 자체가 적은 편이에요. 액세서리나 명품도 사지 않아요.
요리를 하는 사람이라 결혼 반지도 낀 적이 없어요. 화장품도
꼭 필요할 때만 매장 근처 드러그스토어에서 구입하는 편이죠.
미용실도 1년에 한 두 번만 가요. 항상 묶고 다니니까 자주 갈
필요가 없어요. 이런 부분에 대한 욕심이 없달까요. 그런데
이런저런 비즈니스 모임에 나가면서 제 겉모습을 생각하게
되었어요. 첫인상이 중요하다는 건 알았고 화장만 잘하면 된다고
생각했는데, 그게 아니더라고요. 제가 입는 옷, 들고 있는 가방
등을 포함한 스타일 요소도 어떤 의미에선 중요하다는 걸 알게 된
거죠. 그래서 얼마 전 처음으로 명품 가방과 액세서리를 샀어요.

—— 단순 사교 모임이 아니라 비즈니스 미팅을 고려하다 보니
　　더 그런 생각이 들겠네요?

맞아요. 한번은 큰 모임에 편안한 옷차림으로 갔는데, 저 혼자만
그런 차림이더라고요. 누군가 이를 지적한 것은 아니지만 스스로
많이 창피했어요. 그 이후로 외형에 더 신경 쓰게 된 거죠. 사실
셰프는 꾸밀 일이 거의 없어요. 늘 조리복을 입고 생활하니까요.
저는 조리복만 서른 벌이 넘게 있어요. 그래서 더 신경을 쓰지
않았던 거죠. 가만 생각해보면, 제게 명품 가방과 액세서리는

꾸미기 위한 도구라기보다 비즈니스를 위한 일종의 무기 같아요.

—— 그럼 돈을 아끼지 않고 쓰는 분야도 있나요?

음식 관련한 돈이요. 직원들과 해외 출장을 자주 가는데, 그때마다 하루에 7~8끼를 먹으며 먹거리를 경험하고 공부도 해요. 이 부분은 절대 아끼지 않아요. 집에서도 대체적으로 식비가 가장 많이 드는 것 같고요.

—— 앞으로도 계속 그럴까요? 시간이 지나고 삶의 단계가
     달라지면 주로 소비하는 분야가 달라질 거라고 생각하나요?

몇 년 동안 해외를 다니면서 관광을 해본 적이 없어요. 그래서 훗날에는 관광을 목적으로 해외를 방문해보고 싶어요. 어찌 보면 단순한 소비가 아니라 라이프스타일의 변화로 볼 수 있겠죠. 그런데 얼마 전에 세 곳에서 점을 봤는데, 그 세 곳 모두 제게 80세까지 일할 팔자라고 하더라고요.(웃음) 돈을 많이 벌어도 일할 사람이라고. 하지만 그 말이 싫지 않았어요. '그래, 그냥 내가 확실히 일을 좋아하는 거구나' 이렇게 생각하고 받아들였어요.

—— 지금 셰프님에게 없는 것을 돈으로 살 수 있다면 무엇을
     사고 싶은가요?

건물이요. 실제로 3년 내에 사겠다는 목표를 갖고 있고요. 단순히 재산의 개념은 아니고, 그 건물에 저만의 F&B를 구축하고 싶어요. 가장 최근에 구입한 물건은 책상이에요. 아들 책상과 똑같은 것으로 샀어요. 언어 공부를 해야 해서요.

—— 원하는 것을 모두 가질 정도로 성공하려면 인생에서
     포기해야 하는 것도 있겠죠?

맞아요. 포기해야 하는 게 생기더라고요. 예를 들어 업무를 해야
하는데 집안일 때문에 못하는 상황이 생기면 저는 엄청나게
스트레스를 받아요. 하지만 미루는 한이 있어도 절대 포기하지는
않아요. 물론 어렵긴 하죠. 워킹맘으로서 살고 있으니까요. 사실
어떤 부분은 포기하는 게 맞는데, 저한테는 너무 어려운 일이에요.
그래서 저는 늘 잠을 줄여서라도 일을 하려고 했어요. 그러면
마음이 편해지더라고요. 제 몸을 스스로 혹사하는 셈이지만 이
피곤함은 나중에 풀면 된다고 생각해요.

—— 주변의 조언도 잘 듣는 편인가요? 그렇다면 가장 기억에
     남는 말이 있을 것 같은데요.

"잘한다"요. 제가 잘하고 있는지는 사실 누군가 쉽게 판단할 수
없는 거잖아요. 저 스스로 잘한다고 인정한 적도 별로 없고요.
그런데 제가 존경하는 사부님들에게 "잘하고 있다"라는 말을
들으면 더 용기가 생겨서 뭔가 더 해야겠다는 생각이 들더라고요.
사실 큰 의미 없이 잘한다고 하시는 걸 수도 있는데, 저는 그
말만 들으면 아주 큰 힘이 나요. 그 말 한마디가 너무 감사하고요.
사부님들과 이야기를 나누다 보면 돈이 중요하지 않다는 생각이
들어요. 돈보다는 제가 존경하고 따르는 분들의 한마디가 더 의미
있게 느껴지죠.

—— 그럼 셰프님은 성공을 꿈꾸는 이들에게 어떤 조언을 해주고
     싶은가요?

저희 직원이나 후배 셰프, 심지어 선배들에게 제가 자주 하는 말이 있어요. '노력해서 안 되는 일 없고, 사람이 해서 안 되는 일 없다'는 말이에요. 이 말을 귀담아 듣는 사람이 별로 없더라고요. 누군가에게는 그냥 잔소리로만 들리겠죠. 그런데 이런 분도 저를 보면 "진짜 노력 많이 한다", "열심히 한 만큼 얻은 게 있구나"라고 하더라고요. 그럴 때는 '내가 진짜 열심히 했구나' 생각해요. 이런 저를 보거나, 제 이야기를 듣고 많은 걸 느끼시면 좋겠습니다.

어떤 비즈니스를 펼치든 그의 정체성은 셰프다. 늘 착용하는 수십 벌의 조리복이 이를 단적으로 드러낸다. 그에게 자신감을 심어주는 갑옷과 같다.

S

BERT COMPANY

Jung Ji Sun

Lia

Kim

리아킴

댄서, 원밀리언 댄스
스튜디오 공동대표

난관을
정면으로 돌파하는
성취가

리아킴은 스트리트댄스와 코레오그래피(창작 안무)의 경계를 오가며 음지에 머물렀던 국내 댄스 문화를 양지로 끌어올렸다. 그는 힘과 난이도 높은 기술이 돋보이는 팝핀과 락킹 장르에서 한국 여성 댄서의 강인함을 전 세계 댄스 신에 알린 장본인이다. 이처럼 퍼포먼스의 중요성을 각인시킨 결과, 수많은 K팝 아이돌이 '리아킴표' 안무를 채택했다. 리아킴은 춤이 사람들에게 행복의 촉매가 되길 바란다. 그 마음으로 원밀리언 댄스 스튜디오(이하 원밀리언)를 설립했다. 그는 이곳에서 댄서가 독립된 아티스트로서 존중받는 기반을 마련하는 한편, 유튜브를 통해 국내 댄서의 예술성을 전 세계로 알리는 중이다. 댄서이자 안무가로서 탄탄한 미래를 보장받은 리아킴의 시선은 늘 춤의 생태계를 향해 있다.

컴포트존을 벗어나
도전하는 환경으로
나를 내몬다

Part 1

—— 〈스트릿 우먼 파이터(이하 스우파)〉 덕분에 춤이 대중문화의
　　 독자적 장르로 자리매김하게 됐어요. 댄서이자 댄스
　　 스튜디오를 운영하는 대표로서 감회가 남다를 것 같습니다.

〈스우파〉 덕분에 국내 댄스 신이 비약적으로 성장했어요. 〈스우파〉
이전에만 해도 대중은 국내 댄스 문화를 접할 플랫폼조차
없었거든요. 그런 의미에서 〈스우파〉라는 프로그램을 항상
고맙게 생각했고, 조금이나마 보탬이 되고자 〈스우파 2〉 출연을
결정했어요.

—— 리아킴이 〈스우파 2〉에 크루로 참가한다는 소식이 알려지자
　　 이슈가 됐어요. 이미 리아킴은 국내 댄스 신을 대표하는,
　　 가장 영향력 있는 인물 중 한 명이잖아요. 그런데도
　　 심사위원이 아니라 크루로서 팀 '원밀리언'을 이끌며 무대에
　　 올랐다는 게 놀라웠죠. 프로그램을 향한 고마움으로만
　　 출연하진 않았을 것 같은데요.

원밀리언의 역할을 대중에게 보여주고 싶었어요. 저는 원밀리언이
댄스 문화를 알리는 콘텐츠 회사로 성장하길 바라거든요. 좋은
댄서를 양성하기 위해 매니지먼트 팀을 별도로 만든 것도, 댄서의
권익을 위해 노력하는 것도 모두 더 많은 사람에게 춤의 밝은
에너지를 전달하기 위함이에요. 원밀리언 소속 댄서들이 어떤
감정으로 춤을 대하고 즐기는지 제대로 보여주고 싶었어요.

—— 댄서로서 개인적인 욕심은 없었나요?

댄서로서 건재하다는 걸 보여주고 싶은 마음도 물론 있었죠. 어느
시점부터 댄서들이 저를 회사 대표나 디렉터로만 대하더라고요.

Lia Kim　　　　　　　　　　　　　　　　　　　　　　**157**

현역에서 플레이하는 댄서가 아닌 무대 뒤에서 지휘하는 디렉터로 저를 바라보는 게 아직은 좀 아쉽죠.

—— 〈스우파 2〉로 댄서들의 갈등과 위기 극복 능력, 역동적 퍼포먼스를 접할 수 있어 좋았지만, 참가자로서 제작 기간은 변수의 연속이었을 것 같아요.

정말 극적인 시간이었어요. 육체적으로나 정신적으로나 제가 낼 수 있는 퍼포먼스의 최대치를 매일 같이 쏟아냈으니까요. 촬영하는 동안 말로 표현할 수 없을 정도의 고통이 뒤따랐는데, 또 그만큼 얻는 게 있으니까 버틸 수 있겠더라고요. 사실 제가 극한 환경에서도 잘 버티거든요. '컴포트존comfort zone'을 벗어나 자신을 궁지로 내몰고 고난을 헤쳐나가는 과정을 좋아해요. 정확히는 제삼자의 시선으로 어려움을 헤치는 나를 보는 걸 좋아하죠. 새로운 미션을 해결하는 것은 매번 힘든데, 그걸 해결하는 저 자신이 되게 행복해 보이더라고요.

—— 〈스우파 2〉에 출연하는 가장 유명한 댄서이기 때문에 프로그램 초반에 희생양이 될 수도 있잖아요. 출연에 대한 압박감은 없었나요? 실제로도 안무를 외우지 못하는 모습이나 예전 동료와의 갈등이 큰 주목을 받기도 했고요.

제가 방송 작가여도 저를 집중적으로 공략할 거 같아요.(웃음) 그래야 프로그램 초반에 화제성이 올라가니까요. 어떤 에피소드가 생길지 예측할 수 없어서 불안하기도 했지만, 어떤 상황이 닥쳐도 해명만 잘하면 괜찮다고 생각했죠. 저 되게 착실하게 살았거든요. 남에게 못된 짓 한번 하지 않고 춤만 보고 달려왔어요. 그리고 어떤 공격을 받는지보다 어떻게 공격을 받아내는지가 더 중요하잖아요? 대중은 공격을 받아내는 태도를 보고 그 사람을 판단하니까요.

—— 〈스우파 2〉 출연 이후 새롭게 생겨난 비전이 있나요?

이전부터 줄곧 생각했던 안무 저작권 문제를 〈스우파2〉 이후 수면 위로 올려야겠다고 생각했어요. 음악은 음원 저작권협회가 잘 구축되어 있고, 작곡가와 작사가의 이름이 명확히 기재돼 저작권료를 제대로 정산 받아요. 그에 반해 춤은 그런 제도가 아예 없어요. 누가 어떤 안무를 만들었는지 그저 구두로만 전달될 뿐이죠. 안무도 음악처럼 창작의 권리를 행사할 수 있는 저작권자가 존재해요. 저의 비전은 안무 실명제를 도입해서 제도화하는 것이에요. 그래서 동료 댄서들과 한국안무저작권협회 설립을 준비하고 있고요. 아마 곧 소식을 들을 수 있을 거예요.

—— 처음 춤을 시작할 당시만 해도 팝핀이나 락킹 같이 힘과 테크닉을 요하는 춤을 추는 여성 댄서가 많지 않았다고 들었어요. 그런 시대에 도전했기 때문에 더 자랑스러울 것 같아요.

10대 후반부터 20대 중반까지를 돌이켜보면 항상 에너지로 활활 타오르던 시기였어요. 저는 그때 만들어진 기량이 평생의 실력을 좌우한다고 생각하거든요. 당시 만들어진 바탕이 있었기에 지금의 노력이 발전으로 이어지고 있고요. 팔의 각도 하나를 맞추는 데 몇 개월을 연습했고, 부위별로 근육을 쓸 수 있도록 각각의 부위를 따로 분류해 몇 개월씩 연습하며 춤을 췄어요. 당시에는 오로지 춤을 잘 추는 것이 목표였어요. 뭘 몰랐던 어린 시절이니까 더 그랬던 것 같아요. 그렇게 온몸을 내던져가면서 춤만 바라보며 살았던 시절이 스스로도 멋지고 대견해요. 정말 춤에 흠뻑 젖은 거잖아요.

—— 처음 춤을 추겠다고 결심했을 때 댄서로 성공할 수
있겠다는 확신이 있었나요?

확신이 있었어요. 춤을 출 때 내 마음이 너무 기쁘고 행복한 거예요. 그런 마음으로 앞뒤 재지 않고 2~3년 동안 춤을 췄어요. 당연히 두려움도 없었고요. 4년 차 정도 되니까 주변에 실력 있는 댄서들이 보이더라고요. 그런데 세계에서 가장 춤을 잘 춘다는 댄서의 퍼포먼스를 봐도 선망의 감정보다는 노력하면 저렇게 될 거라는 확신이 자리했어요. 무엇보다 그를 따라잡기 위한 노력이 힘들지 않았고요. 오히려 재미있어서 매일 같이 노력했죠. 컴퓨터 게임에 빠지면 10시간 동안 화장실도 안 가고 하잖아요. 제가 춤을 그렇게 췄어요.

—— 리아킴에게 춤이란 단순히 정의할 수 없는 특별한 무엇처럼
보여요.

제 삶에서 가족이 없는 모습을 상상할 수 없는 것처럼 춤도 그래요. 어머니를 너무 존경하고 사랑하지만 때때로 짜증도 나고, 어머니의 손길이 귀찮을 수도 있는 것처럼, 춤 역시 너무 사랑하고 흥미를 느끼는 존재지만 매번 저에게 행복한 순간만을 주지는 않거든요. 저에게 춤은 가족처럼 떼려야 뗄 수 없는 존재 같아요.

—— 어린 시절부터 줄곧 한길을 걸어온 사람으로서 진로가
막막한 사람에게 해줄 수 있는 조언이 있을까요?

어렵네요. 그들의 입장을 제가 정확히 알 수는 없잖아요. "자기가 좋아하는 걸 찾아봐라. 당장은 보이지 않더라도 언젠가는 눈앞에 나타날 거다"라는 말도 실례가 될 수 있다고 봐요. 다만 반드시 조언을 해야 한다면 자신이 흠뻑 빠져드는 무언가를 발견했을 때 망설이지 말고 과감하게 도전하라고 말해주고 싶어요. 나중에 포기할지언정 몰입의 시간을 충분히 즐긴다면 분명 지금과는 다른 확신이 생길 거예요. 대부분 좋아하는 것 앞에서 망설이잖아요. 성공할 수 있을지, 돈을 벌 수 있을지, 부모님을 설득할 수 있을지 등의 이유로 포기하는 경우가 정말 많아요. 어쩌면 우리는 좋아하는 걸 못 만난 게 아니라 좋아하는 것 앞에서 망설인 걸 수도 있어요. 물론 도전한다고 모두 성공하는 건 아니겠죠. 그래도 확신은 얻을 수 있을 거예요.

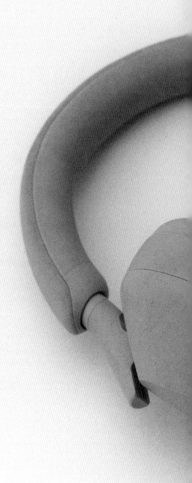

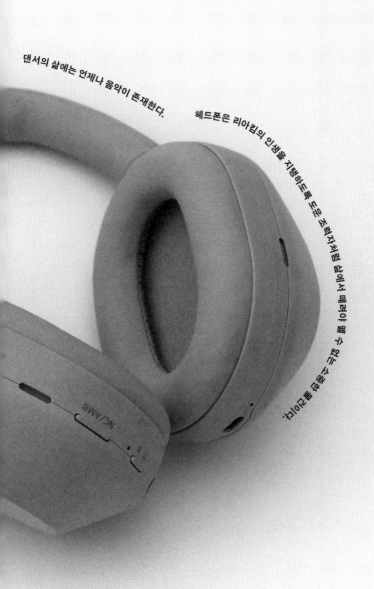

댄서의 삶에는 언제나 음악이 존재한다.

헤드폰은 리아킴의 인생을 지탱하도록 도운 조력자처럼 삶에서 떼어낼 수 없는 소중한 물건이다.

Part 2

기회가 왔을 때
최선을 쏟아붓는
'기버'의 자세

—— 이효리가 출연했던 '애니클럽' 광고 안무를 짠 이후 연이
되어 방송 댄서로 활동했어요. 당시 가수들의 춤 선생으로
활약하기도 했고요. 꽤 탄탄하게 자신의 입지를 다지다가
방송 댄스로 채울 수 없는 갈증이 있어 다시 스트리트댄스
신으로 돌아왔죠.

백업 댄서라는 역할 자체는 너무 멋있는 일이라고 생각했지만,
어린 마음에 제가 만든 안무를 하나의 독립된 창작물로 인정해주지
않는 분위기에 서운함을 느꼈어요. 그래서 제가 만든 안무를 더
제대로 어필할 수 있는 플랫폼이 있으면 좋겠다고 생각했죠. 개인
유튜브 채널을 개설해서 제가 만든 안무 영상을 업로드한 것도 제
춤을 모두에게 보여주고 싶은 마음 때문이었어요.

—— 유튜브를 소통 플랫폼으로 활용하게 된 이유가 있나요?

중국에서 열린 댄스 대회에서 댄스 영상 콘텐츠 제작 팀
'야크필름스YAKfilms' 친구들을 알게 됐어요. 그들이 제가 팝핀 춤을
추는 영상을 유튜브에 담고 싶다며 촬영해갔죠. 당시만 해도 저는
유튜브에 관심이 없어서 촬영한 사실도 잊고 지냈어요. 그런데
지인들이 제가 나온 유튜브 영상이 조회수가 터졌다며 연락이
오더라고요. 사실 조회수가 터졌다는 말이 무슨 의미인지도
몰랐거든요.(웃음) 조회수가 몇 십만이 나왔다고 계속 호들갑을
떨길래 그제야 유튜브를 찾아보고 그 값어치를 알게 됐어요.
어떤 댄서의 영상은 조회수가 몇 백만이 넘더라고요. 자연스럽게
저도 직접 촬영한 안무 영상을 유튜브에 업로드하기 시작했죠.
팝핀이나 락킹을 추는 여자 댄서가 잘 없어서 그런지 몰라도
조회수가 꽤 나오더라고요. 이 일을 계기로 유튜브를 원밀리언의
홍보 수단으로 적극 활용하게 됐습니다.

—— 원밀리언의 시작은 어땠어요? 자본금이 얼마나
    필요했는지도 궁금해요.

정확히 말하면 자본금이랄 게 없었어요. 0원이었다면
믿으시겠어요?(웃음) 원밀리언을 윤여욱 공동대표와 설립하기 전에,
송파구 신천동 인근 건물 지하에서 저의 첫 번째 스튜디오인
'브레인 댄스 스튜디오'를 시작했어요. 원래 다른 댄스 크루의
연습실이었는데 그 크루가 이사하면서 저에게 보증금은 그대로
두고 갈 테니 원한다면 월세만 내고 사용하라고 하더라고요.
공간을 이어받고 월세를 내기 위해 댄스 수업을 시작했어요.
그런데 지하에서 계속 생활하다 보니 몸이 망가지더라고요.
꼽등이도 나오고, 벽에 곰팡이가 필 정도였으니까요.
그곳을 벗어날 보증금을 마련하려고 악착같이 매달렸어요.
연예기획사에서 댄스 레슨도 하고, 뮤지션을 위한 안무도 짜는 등
하루에 레슨을 4~5개씩 했던 거 같아요. 결국 돈을 모아 논현동의
지상 스튜디오로 옮겨갔고, 2014년 원밀리언을 오픈했죠.
공사비가 없어서 웬만한 건 윤 대표와 직접 다 한 거 같아요.
레슨비가 들어오면 에어컨 하나 장만하고, 또 레슨비가 들어오면
필요한 다른 집기 하나 사고, 원밀리언은 이렇게 차근차근 성장한
거예요.

—— 보유 자금 없이 시작한 것이 놀랍네요. 수입이 일정하지
    않아서 불안하지 않았나요?

지하 스튜디오 월세가 60만 원 정도였다면, 논현동 스튜디오
월세는 500만 원이었으니 불안감이 컸죠. 스튜디오를 운영하는
내내 하루도 평온한 날이 없었어요. 저는 이 길 하나 밖에 없는
사람인데 월세를 못 내면 꿈이 깡그리 무너지는 상황이니까요.

한눈 팔 수가 없었어요. 본격적으로 유튜브 공식 계정을 만들어서 수업 때 짠 안무 영상을 꾸준히 업로드했고, 그중 많은 영상이 크게 히트했어요. 여러 수강생이 댄서를 둘러싸고 같이 호응하며 기뻐하는 포맷도 당시엔 획기적이었고요. 아마도 원밀리언만이 낼 수 있는 에너지를 좋게 봐준 것 같아요.

—— 현재 원밀리언의 규모는 어느 정도로 성장했나요?

댄스 아카데미뿐만 아니라 매니지먼트, 프로덕션 팀을 갖춘 '댄스 콘텐츠 회사'로 성장해가고 있어요. 본사 직원은 20명이고, 매니지먼트 팀을 직접 운영해서 업계 최초로 소속 댄서와 전속 계약서를 쓰는 등 댄서의 처우를 개선하기 위해 노력하고 있습니다. 현재 전속 댄서는 20명이고, 저희와 함께 일하는 외부 댄서도 100여 명이나 돼요. 무엇보다 프로덕션 팀 덕분에 광고 촬영부터 안무 영상까지 다양한 콘텐츠를 직접 제작할 수 있다는 게 큰 장점이고요. 공용 라운지, 110명을 수용할 수 있는 댄스 스튜디오, 옥상 정원 등의 시설도 갖추고 있습니다. 춤을 출 수 있는 최적의 환경을 만들기 위해 노력하고 있어요.

—— 원밀리언의 매출에서 가장 큰 비중을 차지하는 건 어떤 분야인가요?

댄스 창작을 관리하는 매니지먼트 팀의 수익과 교육 성격의 아카데미 수익이 50대 50이라고 보면 됩니다. 국내 코레오그래피 시장이 점점 활성화되고, K-팝이 퍼포먼스 중심 엔터테인먼트이기 때문에 앞으로 저희 수익은 더 증가할 걸로 예상해요. 코레오그래피가 국내에서 시작한 춤의 장르는 아니지만, K-댄스만의 군무가 인기를 구가하면서 많은 해외 관광객이

원밀리언을 찾아오거든요. 지금도 수강생 중 70퍼센트 이상이
외국인입니다.

——— 댄스 신을 일군 선배로서 후배를 위해 좋은 문화를
　　　만들어야 한다는 책임 의식이 사업에 반영되어 있다는
　　　생각도 들어요.

저는 원밀리언이 〈스우파〉 방송 이전부터 대중과 접점을 만들어간
유일한 댄스 스튜디오라고 생각해요. 대중과의 접점을 찾는
것이야말로 원밀리언의 강점이고요. 원밀리언이란 이름에는
'춤추는 사람이 백만 명쯤 되면 좋겠다'라는 의미가 담겨 있어요.
제가 춤을 배우던 시절 댄스 업계를 떠올려보면 늘 어두운
분위기가 팽배했어요. 힙합이나 서브 컬처, 언더그라운드 문화를
좋아하는 사람만 춤을 췄고, 대다수가 큼지막한 피어싱과 타투를
하고 와이드 팬츠를 내려 입고 다녔죠. 몇몇 댄서들은 "힙합을
이해하려면 바지를 한 달 동안 세탁하지 않고 입어야 한다"라고
말할 정도였으니까요. 그런 모습이 누군가에겐 멋있어 보일 수도
있지만, 저는 지나치게 마니아적인 스트리트 문화가 오히려
대중과의 거리를 좁히지 못하는 장벽이라고 생각했어요. 그래서
다른 방법으로 대중과 소통하고자 했죠. 저 자신이 춤을 추는
게 즐겁고 행복했거든요. 춤을 통해서 어둠이 아닌 밝은 세상과
마주했고요. 누구든 편하게 방문해서 춤을 배울 수 있는 밝은 댄스
스튜디오를 만드는 게 제가 원밀리언을 운영하며 내민 원칙이죠.
소속 댄서나 외부 댄서에게도 힙합 바지나 망사 스타킹, 쇼트 팬츠
같은 옷보다 나이키 레깅스처럼 스포티하고 건강해 보이는 옷을
입으라고 권할 정도였어요.

——— 언더그라운드에서 활동하던 록밴드가 오버그라운드로

나오면 돈에 눈이 멀어 상업성을 좇는다고 비판받는 것처럼, 댄스 업계 내에서도 시기와 질투가 있었을 것 같아요.

원밀리언이 대중적인 방향을 지향할수록 스트리트댄서 사이에서는 저희를 인정하지 않으려는 분위기가 존재했어요. 그런데 저는 크게 흔들리지 않아요. 제가 당장 대중적 안무를 선보인다고 그간 댄서로서 쌓아 올린 역사나 예술이 사라지는 건 아니니까요. 오히려 그렇기 때문에 그들 앞에서 더 당당할 수 있어요.

—— 원밀리언의 소속 댄서들은 실력과 대중성 사이에서 균형을 잘 맞춰야겠네요.

저는 댄서들의 기량이 완벽하길 바라고 있어요. 자신만의 '오리지널리티'를 갖고 있어야 하죠. 동시에 대중적인 스타일에 관심을 두고, 그것을 자유롭게 표현하는 댄서가 되길 바라요. 그게 저희의 인재상이에요. 그래야만 비판에서 당당할 수 있죠. 저는 원밀리언에 국내 최고의 댄서가 모여 있다고 확신해요.

—— 최고의 댄서를 양성하는 비결은 뭔가요?

안무를 체계적으로 짤 수 있도록 시스템을 구축하고 있어요. 댄스 매니지먼트가 없던 시절에는 대부분 혼자 밤을 새워가며 안무를 작업해야 했거든요. 일을 위해 필요한 제반이 하나도 마련되어 있지 않았죠. 심지어 정당한 비용을 받지 못하는 일도 부지기수였고요. 원밀리언에 매니지먼트 부서를 두고 운영하는 건 회사의 성장을 위해서이기도 하지만, 동시에 댄서들의 처우를

개선하고 싶은 열망 때문이기도 해요. 지금은 프로젝트 매니저가
일정과 음악의 스타일에 따라 그에 알맞은 댄서를 섭외하고
그들의 일정도 관리하죠. 퍼포먼스 디렉터도 별도로 두고 있어요.
한 곡의 안무를 선보이기 위해 정말 많은 인원이 움직이는 것이죠.
물론 지금 제가 말하는 시스템이란 게 직장인이 보기엔 대단한
해결책이 아닐 수도 있어요. 성숙한 조직에서는 이미 당연하게
시행되는 부분이니까요. 그런데 댄서들은 그 당연한 것을
경험하지 못했던 거예요.

—— 계속해서 사업을 잘 이끌기 위해서는 사람과의 관계가
　　 무엇보다 중요할 겁니다. 좋은 파트너를 만나 관계를 잘
　　 맺고 유지하는 자신만의 노하우가 있나요?

〈고 기버 The Go-Giver〉라는 책을 좋아하는데요. 아낌없이 주는 사람에
대한 이야기를 담고 있어요. 받은 것 이상으로 보답할 때 자신의
이상이 높아진다는 메시지로 요약되죠. 여기에 저를 투영해보니
이미 '기버'로 살고 있더라고요. 저는 안무 작업을 할 때 단 한 번도
돈을 따라서 움직이지 않았거든요. 돈과 상관없이 춤으로 표현할
수 있는 최상의 무언가를 뽑아내는 데 집중했죠. 어떤 파트너와
일하든 마찬가지예요. 제 인생에서 춤만큼은 받은 만큼만 하자는
말이 성립하지 않아요. 그렇게 최선을 다하다 보니 자연스레
좋은 파트너가 생기더라고요. 결국 저한테 오는 모든 기회에 정말
최선을 다해 퍼포먼스를 보여주는 게 저의 노하우인 것 같아요.

—— 미국 기반 연예기획사인 '타이탄 콘텐츠'에 최고 퍼포먼스
　　 책임자 CPO로 합류했다는 소식도 들었어요. 합류하게 된
　　 계기가 있나요?

글로벌 아티스트를 선발한다는 데 가장 큰 매력을 느꼈어요. 한국에서 제작해 글로벌 뮤지션으로 키우는 게 아니라, 시작점부터 글로벌 뮤지션을 만드는 프로젝트죠. 기존의 K-팝 시장과는 차별화된 접근 방식이 흥미로웠어요. 무엇보다 댄서 출신인 제가 뮤지션 그룹의 제작 단계부터 아이디어를 내고, 콘셉트를 만드는 등 크리에이티브 영역에 참여할 수 있다는 데서 의미를 느꼈습니다. 댄서 대부분은 정해진 콘셉트에 따라 안무 작업을 하는 게 일반적이거든요. 저의 행보가 댄서들에게 더 많은 분야에서 활약할 수 있다는 비전을 보여줬으면 좋겠어요.

구독자 2600만 명을 넘긴 윔블리언 댄스 스튜디오 공식 유튜브 채널의 다이아몬드 버튼.

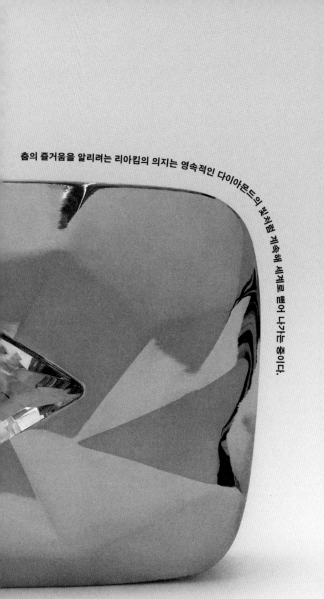

춤의 즐거움을 알리려는 리아킴의 의지는 영속적인 다이아몬드의 빛처럼 계속해 세계로 뻗어 나가는 중이다.

Part 3

돈은 원하는 순간에
원하는 일을 하기
위한 수단

── 댄서가 되고 싶다고 모여드는 이들에게 주로 어떤 이야기를
해주는 선배인가요?

프로페셔널한 댄서가 되려면 어떻게 해야 하나, 어디에서 배워야
하나 같은 질문을 많이 받는데요. 그럴 때마다 제가 답을 제대로
못 했어요. 지금은 하고 싶은 걸 다 해보라고 말할 수 있을 것
같아요. 저는 하고 싶은 걸 다 했거든요. 그러기 위해선 용기가
필요해요. 제가 어릴 때는 선배들이 죄다 한 장르만 파라고
조언했어요. 이것저것 하다 보면 죽도 밥도 안 된다는 게 그들의
생각이었죠. 저는 고집이 세서 그런지 그런 말을 듣고도 나 몰라라
하고, 하고 싶은 걸 다 했어요. 정말 원 없이 다 해봤죠. 그러니까
어떤 걸 배우면 리아킴처럼 될 수 있을까 같은 질문을 던지기 전에
자기가 진짜 하고 싶은 게 무엇인지 생각해봐야 해요. 이미 자기가
답을 알고 있는 거죠. 그걸 찾아서 하면 되는 거예요.

── 자신이 좋아하는 일을 다 하면서 부와 명예까지
얻는 경우는 많지 않습니다. 현재 자신이 성공했다고
생각하나요?

저는 제 목표의 10퍼센트 정도밖에 달성하지 못했다고 생각해요.
하지만 지금 당장 성공했는지 묻는다면 성공했다고 답할 거
같아요. 제가 어릴 때 꿈꿨던 일을 전부 해봤으니까요. 현재의
삶은 성공일 수 있죠. 다만 제게는 또 다른 꿈이 생겼고 아직도
원밀리언을 통해 하고 싶은 일이 너무 많아요. 인생 전체를 놓고
보면 아직 성공을 이루지 못한 것이죠.

── 그렇다면 댄서로서는 본인이 성공했다고 보나요?

댄스 신에는 '그래미 어워드'처럼 전체를 아우르는 권위 있는 시상식이 없을 뿐더러, 대회에서 우승한다고 해서 그 결과가 댄서의 삶에 지속적으로 영향을 미치지 않아요. 물론 동료에게 인정과 존중을 받을 수는 있겠죠. 하지만 그것만 가지고 댄서로서 성공을 말할 순 없을 것 같아요. 제가 생각하는 성공한 댄서란, 인정받은 순간 뿐 아니라 그 이후의 삶에서도 유의미한 성과를 거둔 사람이에요. 안무 저작권과 관련해 좋은 환경을 조성하려는 노력도 원밀리언의 공동대표라서 하는 게 아니라, 댄서로서 목소리를 내는 거고요. 댄스 신에 있는 사람들이 더욱 좋은 환경에서 퍼포먼스를 선보일 수 있는 날이 온다면, 제가 댄서로서 성공했다고 말할 수 있지 않을까요?

—— 돈에 대해서도 어느 정도 성취를 이룬 걸까요? 돈이라는
      자산을 어떻게 다루는지 알고 싶습니다.

저는 딱히 돈을 모으지도 않고 재테크에 관심이 높지도 않아요. 오히려 원밀리언에 온전히 집중하는 게 저만의 재테크 노하우라면 노하우겠네요. 저는 회사의 비전을 완벽하게 믿고 있거든요. 이 회사의 미래 가치에 투자하고 몰두하는 게 저의 가장 안정적인 자산인 셈이에요. 그래서 회사가 앞으로 어떤 방향으로 갈 것인지에 집중하고, 그 비전을 위해 투자를 해야 한다면 아낌없이 투자하고 있어요. 그게 제가 돈을 관리하는 유일한 방법이에요.

—— 어떤 분야에 주로 투자해요?

회사 업무에서는 대중과 가장 밀접하게 소통할 수 있는 브랜딩과 콘텐츠에 아낌없이 투자합니다. 브랜딩의 대상은 원밀리언이 어떤 회사인지 보여주는 시각적 이미지를 비롯해, 춤을 경험하는

공간인 댄스 스튜디오까지 포함해요. 저희 스튜디오에 처음
오면 생각보다 큰 규모와 밝은 분위기에 다들 놀라거든요. 댄스
스튜디오의 이미지를 최대한 긍정적으로 바꾸려는 노력은
댄서라는 직업에 대한 인식 개선에 있어서도 매우 중요한
부분입니다. 그래야만 계속해서 건강한 마인드의 댄서가 등장할
테니까요. 또 하나 투자를 아끼지 않는 분야는 좋은 콘텐츠를
만드는 데 드는 비용인데요. 댄서의 에너지를 그대로 담은
콘텐츠가 곧 훌륭한 콘텐츠라 보고, 댄서가 표현하는 감정이 영상
너머 시청자에게까지 잘 전달될 수 있도록 애쓰고 있어요.

—— 마지막으로 묻고 싶어요. 리아킴의 삶에서 돈은 어느
　　 정도로 중요한가요?

돈이 왜 필요한지 스스로 질문한 적이 있는데요. 당시 제가 내린
답은 '자유를 얻기 위해서 돈이 필요하다'라는 거였어요. 제가
말하는 자유는 명품 가방 등을 원 없이 구매하는 자유라기 보다
오히려 너저분한 흰 티셔츠만 360일 입는 자유에 가까워요. 많은
경우 편안한 옷을 입고 싶어도 정해진 룰이나 약속 때문에 갖춰
입어야만 하잖아요. 그런 순간에 흰 티셔츠를 입을 수 있는 자유를
말하는 것이죠. 내가 살고자 하는 삶의 방식대로 눈치 보지 않고
살려면 돈이 꽤 중요한 역할을 한다고 생각해요.

리아킴이 《스우파 2》 크루곡 퍼포먼스의 소품으로 활용한 카우보이 모자와 매일 같이 신었던 연습용 운동화.

콘셉트에 부합하는 무대 비주얼을 위한 섬세한 노력은 물론 화려한 성공 이면의 성실함이 곳곳에 새겨져 있다.

Lia Kim

Lia Kim

카카오뱅크 '돈이 되는 이야기'에서
리아킴 인터뷰 영상을 만나보세요.

Sangr

nuk
Lee

이상묵

스테이폴리오 대표

모험을 멈추지 않는
룰 브레이커

'파인 스테이'라 명명한 숙소를 선별해 그 공간에 얽힌 스토리를 진정성 있게 전달하는 숙박 예약 플랫폼 스테이폴리오. 기존 숙박업계의 가격 경쟁에서 벗어나 디자인, 철학 등, 가치 기반 경쟁의 장을 열었다는 점에서 숙소의 개념을 진화시켰다고 평가받는다. 이상묵은 이처럼 기존 숙박 시장의 전통적 문법을 깨면서 성장한 혁신적 플랫폼의 수장이다. 2023년 12월 기준 월 이용자 수(MAU) 40만 명, 월 거래액 20억 원을 돌파하면서 꾸준하게 성정해왔지만, 이상묵은 아직도 성공을 위해 갈 길이 멀다고 말한다. 겸손한 고백에도 자신감이 묻어나는 건, 멈추지 않고 정진하는 그의 우직함 때문이다. 개인 투자의 상당 부분을 회사 프로젝트로 치환할 정도로 일을 중심에 두고 생활하는 그는, 궁극적으로 일로써 성장하는 삶을 지향한다.

Part 1

미래로 향하는
호랑이를 타고
끊임없이 내달리는
자세

—— 2015년에 창업한 스테이폴리오가 벌써 9년차 브랜드가
되었습니다.

그러네요. 지난 시간동안 참 꾸준히 성장해왔다는 생각이 듭니다.
물론 지금도 계속 성장 중이고요. 지금은 해외 사업으로도 눈을
돌렸어요. 코로나19 팬데믹 때부터 글로벌 진출을 위해 여러
준비를 해왔어요. 어려운 시기일 거라 생각했는데, 해외여행을
떠나지 못하는 분들이 저희 서비스를 많이 찾아주셔서 별다른
홍보 없이 거래액이 세 배 이상 늘어났죠. 이후 싱가포르와 일본에
법인을 세우는 등 해외에 거점을 만들었고, 이런 전략이 어느
정도 주효해서 현재는 외국인이 스테이폴리오에서 직접 예약하는
사례가 많아지고 있어요.

—— 상당히 빠른 성장세군요.

갈 길이 아직 멀기는 합니다. 스테이폴리오의 해외 진출에는
총 세 단계가 있다고 보는데요. 첫 단계는 인바운드로, 외국인
관광객이 플랫폼을 직접 이용할 수 있도록 웹페이지를 번역하고
관련 마케팅을 펼치는 일이고요. 두 번째는 해외에서 좋은 평가를
받는 호텔이나 리조트를 엄선해서 아웃바운드로 연결하는 일이죠.
마지막 세 번째 단계가 스테이폴리오 브랜드로 해외에 오리지널
스테이를 만들어서 운영하는 일인데요. 현재 저희는 아만Aman
같은 글로벌 브랜드와 제휴를 맺으며 2단계에서 고군분투 중이고,
3단계를 위해서는 부동산과 파트너를 물색하고 있습니다.

—— 그럼 앞으로는 해외 사업에 더 집중할 계획인가요?

꼭 그렇지는 않습니다. 예를 들어 최근 각 시도 지자체와

숙박업체를 연결해주는 문화체육관광부의 시범 사업에
스테이폴리오도 참여하는데요. 인구가 소멸하는 지역을 선정해
숙박 사업으로 활성화하려는 프로젝트입니다. 저희는 전라북도
남원의 옛 한옥호텔 명지각을 리모델링하는 일을 맡았고요.
저희가 재해석한 숙소로 인구 소멸 지역에 청년 등 생활 인구를
어떻게 하면 많이 끌어모을지 고민하고 있습니다.

—— 대표님은 2011년 부모님이 운영하셨던 충남 서산의 식당
'영가든'을 '제로플레이스'라는 숙박 공간으로 리모델링해
개관했죠. 이때부터 숙박 사업에 대한 원대한 목표가
있었나요?

그렇지 않았어요. 그때는 부모님 사업이 망하지 않도록
도와야겠다는 마음이 더 컸죠. 물론 일종의 호기심과 기대감은
있었어요. 당시 서울 가로수길 같은 곳에는 낡은 주택을
수리해서 감각적으로 꾸민 카페가 꽤 있었는데, 비슷한 방식의
숙소는 드물었어요. 부모님의 식당 건물을 리노베이션해서
서비스하면 수요가 있지 않을까 생각한 거죠. 준비를 마치고
공간을 오픈했는데, 정말 큰 사랑을 받았어요. 이후 이런 형태의
숙박 상품을 큐레이션해서 예약 서비스나 콘텐츠로 선보이면
굉장히 의미가 있겠구나 싶었고, 이것을 시발점으로 2015년
스테이폴리오를 기획하게 된 거예요.

—— 그런데 그 공간을 소셜커머스나 호텔·모텔 예약 사이트를
통해 홍보하지 않았어요. 대표님의 철학에 공감하는 이들만
오게 하고 싶어서였죠. 자본주의적 해법과는 거리가 먼
결정인데요?

무조건 많은 사람이 오게 만드는 것보다는 어머니께서 이 일을 오래오래 잘하셨으면 좋겠다는 마음이 컸어요. 그래서 어떻게 해야 '결이 맞는' 사람들이 올까 고민했죠. 포털 사이트 블로그에 제로플레이스에 대한 글과 사진을 올렸고, 이 포스팅을 보고 감성에 공감하는 분이 많이 찾아주셨어요. 지금의 스테이폴리오도 같은 태도로 접근하고 있고요. 호스트는 대체로 '아무나 받고 싶지 않다', '감성의 결이 맞는 게스트를 받고 싶다'라고 생각할 거예요. 스테이폴리오는 제가 어머니 숙소에서 그렇게 했듯, 이런 생각을 가진 호스트가 걱정 없이 일과 삶을 즐길 수 있도록 보호막 역할을 하고자 합니다.

—— 그래서인지 스테이폴리오의 그간 행보도 인상적입니다.
    숙소 외에도 숨어 있는 맛집, 작은 서점, 디자인 숍
    등을 공간에 담긴 이야기와 함께 소개해 상생의 가치를
    실현해왔는데요. 이런 부분도 매출 증진만 생각하면 선뜻
    실행하기 어렵지 않나요?

저희의 일은 관광업이에요. 스테이 하나보다는 주변의 볼거리, 먹거리, 놀거리 등이 다 연결되어야 고객의 여행이 풍성해집니다. 서비스를 제공하는 입장에서도 마찬가지고요. 저희만의 승리가 아니라 모두의 승리가 될 수 있도록 노력하는 거죠.

—— 그럼 일반적으로 '돈을 많이 버는 것'을 성공이라 칭하는
    사회에서 대표님이 생각하는 성공의 기준은 무엇인가요?

글쎄요. 일단 스테이폴리오는 아직 성공하지 못했다고 말씀드리고 싶어요.(웃음) 여전히 앞으로 나아가는 중이죠. 성공의 기준을 기업 관점으로 본다면, 예를 들어 애플을 보면 스마트폰이 떠오르고

테슬라를 보면 전기차가 떠오르는 것처럼 특정 시장에서 상징성을 갖는 기업이 되는 게 성공이라고 생각해요. 전 세계인이 스테이폴리오를 보고 '숙박이라는 장르를 혁신하는 기업'이라 생각하면 그게 성공이겠죠. 개인적으로는 올림픽에 참가하는 약 200개 국가에 각 나라의 전통과 지역색을 반영한 스테이를 만들고 싶어요. 이 정도는 되어야 성공했다 싶네요.

—— 그렇다면 현재 대표님 개인으로서는 성공했다고 생각하나요?

전혀요. 제가 말한 수준의 기업을 이끄는 수장이 되어야 성공한 게 아닐까요? 아, 그리고 요즘은 가족과 보내는 시간을 포함해 제 개인의 시간도 많이 고려하고 있는데요. 일도 좋지만 가정 안에서 행복의 균형을 잘 맞출 수 있어야 성공한 사람이 아닐까 생각합니다.

—— 어떤 능력이 대표님을 여기까지 이끌었다고 보나요?

저는 애플이 2010년에 발표한 아이폰 4를 보면서 '미래를 향해 달려가는 호랑이' 같다고 생각했어요. 이 호랑이에 지금 올라타지 않으면 올라탄 사람과의 격차는 엄청나게 벌어질 거라는 것을 직감적으로 알았던 거죠. 그랬기에 스스로 그 호랑이에 올라타서 스테이폴리오를 여기까지 끌고 온 거고요. 이런 부분이 제 역량일 수 있겠죠. 그런데 쉽지 않은 길인 것도 맞아요. 제가 원하든 원하지 않든 이 호랑이의 주인이 되어 계속 달려나가야 하는 상황이니까요. 이렇게 달려오면서 가장 열심히 했던 건 기존 틀에 안주하지 않고 끊임없이 도전했다는 점 같아요. '플랫폼을 운영하는 기업이 부동산을 매입할 수 없을까?', '해외 사업은 불가능한 걸까?' 이런 질문을 스스로에게 던지면서 이미 존재하던 문법을 깨고 지금까지 오게 된 거죠.

—— 혹시 기업가로서 롤모델이 있나요?

지금은 테슬라의 일론 머스크Elon Musk에게 많은 영향을 받고 있어요. 그는 전인미답의 길을 걷고 있잖아요. 기업가로서 본받고 싶은 점들이 굉장히 많죠.

혹자는 그저 아름답고 사용하기 편한 스마트폰 정도로 아이폰 4를 받아들였지만,

그는 이를 보며 '달리는 호랑이'라고 여기며 꼭 올라타야 한다고 생각했다. 남다른 직관과 결단 그리고 실행력이 빛을 발해서 이상을 현실로 바꾸며 창업을 성공시켰고, 이 성공은 여전히 계속되고 있다.

Part 2

기업의 철학을
지키기 위해서는
수익이라는 현실적
힘이 필요하다

─── 대표님의 직관과 도전 정신이 스테이폴리오를 꾸준히
성장시킨 것 같습니다. 그럼에도 스타트업은 창업자 혼자서
성공시킬 수 있는 게 아니죠. 외부의 투자가 무엇보다
주요했을 텐데요.

첫 투자 유치가 정말 어려웠습니다. 투자자의 문법에 맞게 자료를
준비하고, 그들을 만나 소통하는 일이 생각보다 쉽지 않아요.
게다가 저는 스테이폴리오의 철학에 진심으로 공감하는 투자자를
만나고 싶었거든요. 그러다가 벤처캐피털 TBT의 이람 대표님을
만났어요. 사실 당시 스테이폴리오의 평가 가치는 100억 원이
될 수 없었는데, 스테이폴리오의 미래 성장 가치를 보고 이람
대표님이 100억 원으로 책정해주셨어요. 그중 10퍼센트인 10억
원을 직접 투자해주셨고요. 아직도 잊지 못하는 게, 일부러 제
생일에 맞춰 입금해주셨어요. 이람 대표님은 스테이폴리오의
유저이자 창업자인 저를 믿어준 투자자이십니다.

─── 투자 유치에 실패하는 등 어려운 순간도 있었나요?

엔데믹 후 국내 여행객이 해외로 빠져나가면서 그 수요분을
외국인 관광객이 메워줘야 하는데, 빠져나가는 속도가 더 빨라요.
매출 자체는 지난해와 비슷한 수준이지만, 그건 성장하지
못했고 오히려 역성장했다는 뜻이잖아요. 그래서 현재가 위기라
생각하고 모두 열심히 일하고 있습니다. 이런 순간을 극복하고
스테이폴리오가 세상을 이롭게 하는 플랫폼이 되면 좋겠어요. 저
역시 그런 기업가가 되고 싶고요.

─── 돈을 최우선 순위에 두고 일한 적이 있는지도 궁금한데요?

없었어요. 제가 중요하게 생각하는 돈은 임대료와 직원 월급 등 고정비인데, 이것이 충족되는 수준이면 된다고 생각하며 살아왔어요. 돈이 사업을 하는 데 기준이 되는 방향은 절대 아니었습니다. 만약 그랬다면 돈이 되는 일을 다양하게 벌였겠죠.

—— 돈이 아닌 어떤 가치를 추구하면서 일을 해왔나요? 이런 가치가 나이나 기업의 상황에 따라 달라지지는 않았나요?

진심에 기반한 스토리를 전달하는 것, 그리고 이를 통해 공감의 정서를 일으키는 데 집중해왔어요. 아까 말씀드린 제로플레이스처럼요. 제 어머니가 공간에 불어넣은 감성을 좋아하고, 그에 공감하는 사람이 그걸 누리고 싶어 찾아오신 거잖아요. 각 스테이의 호스트가 가진 각양각색의 이야기를 잘 담아내는 게 저에겐 항상 중요했어요. 물론 이런 내용을 긴 글과 사진만으로 표현하는 일은 어렵죠. 하지만 그들의 이야기를 잘 전달할 수만 있다면 고된 작업이라도 가치 있었습니다. 그렇게 한다고 해서 돈과 멀어지는 것도 아니에요. 고객이 이러한 콘텐츠를 보고 숙소를 예약하면 저희는 돈을 벌 수 있으니까요. 진정성 있는 좋은 콘텐츠를 잘 전달할 때 이는 크든 작든 이익으로 돌아온다는, 일종의 가치 있는 선순환을 깨닫기도 했습니다. 이런 제 철학과 태도는 앞으로도 바뀌지 않을 거고요.

—— 그럼 대표님에게 돈을 버는 일은 어떤 의미인가요?

저는 기업가이기에 스테이폴리오 운영을 저와 별개로 생각하긴 어려워요. 기업이 돈을 번다는 것은 당연히 이윤을 남긴다는 거죠. 그런데 저희 같은 스타트업은 투자를 받은 후에 무조건 성장해야 하기 때문에 더 큰돈을 만드는 일보다 매출 성장에 초점을 맞춰온 게 사실입니다. 이게 저희뿐 아니라 스타트업 전반의 성장 방식이었고요. 하지만 지금은 스타트업 중에서도 수익을 내는 방향으로 선회하는 기업이 꽤 많아요. 저희도 마찬가지예요. 큰 수익이 최우선 순위는 아니지만, 이제는 돈을 벌 수 있는 구조로 전환하는 과정에 있다고 할 수 있겠네요.

—— 기업의 대표이기 때문에, 특히 돈을 벌고자 한다면 회사 운영에 관련한 재무 지식도 갖추어야 할 텐데요.

저로서는 잘 모르는 분야이기 때문에 초반에는 자연스레 세무사의 도움을 받았어요. 아직까지도 도와주는 부분이 있기도 하고요. 그렇게 세법이나 세무 관련 지식을 나름 쌓아왔죠. 저희는 상품의 대가를 미리 받는 비즈니스기 때문에 들어온 돈을 한꺼번에 써버리면 고객의 돈을 사용하는 게 될 수 있어요. 그래서 항상 이 점에 유념해 통장을 관리했죠. 이후 회사가 더 성장하면서 경영지원팀을 만들었고 월 결산을 할 수 있게 됐어요. 이를 통해 회사의 손익이 플러스인지 마이너스인지 확인하며 우리가 잘하고 있는지 아닌지 더 직접적이고 적극적으로 소통하기 시작했고요. 사업을 한다면 꼭 습득해야 하는 부분이라고 생각해요. 특히 투자를 받으면 지출에 대해 더 민감해지기 때문에 스타트업 대표라면 이런 공부가 필수라고 말하고 싶어요.

—— 큰 투자금이 들어오면 기업 구성원의 도덕적, 윤리적 자질도 중요해질 것 같은데요. 투자금을 운영할 때 꼭 지키는 원칙이 있을까요?

아주 기본적인 원칙이겠지만, 투자금에 접근할 수 있는 직원의 권한을 축소시키고 항상 계획적으로 쓰려고 노력 중입니다.

투자금이 들어오면 투자자의 동의를 받아서 중금채중소기업 금융
채권로 묶어놔요. 그러니까 예금처럼 돈을 납입하고 정해진 이율을
보장받으면서 필요할 때 필요한 만큼만 찾아서 쓰는 거죠. 늘
계산을 해요. '이번 달에는 이 정도를 써야겠다' 하는 식으로요.
투자금을 허투루 쓰지 않는 방안인 거죠.

—— 자기 철학과 태도를 관철하면서 돈을 버는 일은 이상적
　　　과제처럼 느껴집니다. 대표님은 스테이폴리오를 통해 이를
　　　해내고 있는데요. 앞으로도 이런 방식이 지속 가능하다고
　　　보나요?

지속 가능하려면, 저희가 직접 수익을 내거나 외부의 투자가
필요하다고 봅니다. 솔직히 자생하기 쉽지 않은 환경이지만,
긍정적 가능성을 발견할 수 있는 일에 다양하게 도전하려고 해요.
앞서 언급한 남원 프로젝트의 경우는 공공기관이 주체이기 때문에
저희에게 금전적 혜택이 많은 편이에요. 전체적인 비용 효율이
나쁘지 않죠. 다양한 가능성을 염두에 두며 일하고 있어요.

—— 기업의 대표로서, 스테이폴리오 구성원이 돈과 비즈니스의
　　　감각을 깨치도록 강조하는 메시지가 있나요?

직원이 46명인데, 대부분 자사의 철학에 공감하는 편이에요.
그래서인지 창립 후 첫 번째, 두 번째로 입사한 직원 모두 아직
재직 중입니다. 사실 이런 부분을 중요하게 생각해 지난해까지는
전사 회의 때 앞으로 나아가야 할 비전과 해내야 할 일을
설명했어요. 그런데 요즘에는 회사가 얼마나 돈을 벌었고 또
얼마나 사용했는지까지 공유하고 있습니다.

그가 현재 가장 좋아하고 많은 영감을 받는 기업인은 테슬라의 일론 머스크다.

그의 차 테슬라 모델X는 '이 차 안의 기능들을 집에 구현하면 어떨까' 생각하게 하는, 늘 그와 함께 달리는 영감의 원천이기도 하다.

Sangmuk Lee

혼자서는
할 수 없고,
멈춰서도 안 되는
리더의 길

Part 3

—— 대표님에게 '개인의 자산'은 어떤 의미이고, 어떻게 관리하는지 묻고 싶습니다. 예전에 휴대전화처럼 '집을 개통해서 사용한다'라는 아이디어를 낸 적도 있죠. 대표적 자산인 집마저도 주거라는 기능의 관점으로 봐온 것 같은데요.

회사의 자산을 대하는 것과 똑같아요. 필요한 가정의 생활비가 충족되면 된다고 생각하고, 돈에 큰 욕심은 없어요. 그래도 회사의 비즈니스와 맞닿아 있는 개인 투자는 해요. 저는 건축을 전공했고, 스테이폴리오 창업 전에 도시계획 프로젝트를 진행했던 경험이 있다 보니 땅이 가지는 가능성에 굉장히 집중했어요. 남다른 디자인이나 설계 등 크리에이티브를 발휘해 저평가된 토지의 가치를 끌어올리는 작업에 굉장히 관심이 많았고요. 실제 스테이폴리오의 여러 숙소는 대부분 이런 방식으로 만들어졌어요. 그래서 개인적으로도 부동산에 투자해 왔는데요. 대표적으로 2014년에 제주도 부동산에 투자해 만든 스테이 '눈먼고래'가 있습니다. 제 개인 자산이기도 하지만 스테이폴리오의 대표적 포트폴리오이기도 해요. 10년 동안 돈도 많이 벌어다줬고요.(웃음) 그후 2016년에는 서울 연희동의 땅을 사서 지금 사는 집을 지었어요. 둘 다 지금은 시세가 많이 올라서 만족스러워요. 물론 애초에 갭투자도 아니었고, 팔 생각도 전혀 없지만요.

—— 부동산이 아닌 다른 투자에는 관심이 없나요?

주식에 투자하고 있습니다. 테슬라에 투자했고, 수익도 어느 정도 있었어요. 지금 관심을 갖고 있는 분야는 2차 전지와 AI 분야인데, 지금은 이것들이 달려오는 호랑이로 느껴져요. 그리고 해외의 한 호텔에서 NFT로 발행하는 숙소 혜택이 있었는데, 여기에도 투자했습니다. 사실 이건 가격이 올라서 팔고 싶은데, 구매자가 없어서 팔지 못하고 있어요.(웃음) 제가 일론 머스크에게 많은 영감을 받긴 하지만 가상화폐에는 투자하지 않습니다.

—— 돈에 초연하지만, 투자를 할 때는 관심 분야를 바탕으로 영리하게 임하는 듯합니다. 앞으로 하고 싶은 투자가 있다면요?

우선 돈을 더 많이 번다면 후배 스타트업 창업자를 위한 엑셀러레이터 프로그램에 투자해보고 싶어요. 제가 걸어온 길이라 더 잘 이해하고 힘이 되어줄 수 있을 것 같거든요. 또 다른 건 객실이나 라운지 같은 하나의 호텔 공간을 나눠서 여러 사람이 매매하는 공유 별장이에요. 예를 들어 한 공간이 만들어지면 그곳의 8분의 1만큼만 제가 소유·활용하고 나머지는 다른 사람들에게 파는 거죠. 객실을 한 명에게 판매하는 분양형 호텔과 비슷하지만 좀 다른 개념이에요. 스테이폴리오에서 하지 못한다면 제가 개인적으로 만들어보고 싶은데, 어떻게 생각하세요? 매력적인 상품일까요?

—— 대표님의 감각과 철학을 담은 공간이라면 충분히 투자 가치가 있을 것 같은데요?

더 진지하게 고민해야겠네요.(웃음) 아, 그리고 투자자로서 실버 시장에 대한 관심도 굉장히 큽니다. 실버 시장이 점점 성장하면서 지금과는 또 다른 니즈와 색깔을 가진 시장이 새롭게 등장할 것 같거든요.

—— 개인적으로 하는 투자도 운영하는 기업의 정체성과 맞닿아

있다는 게 참 인상적인데요. 소비 스타일은 어떤가요?

생필품을 제외한 쇼핑에는 돈을 잘 안 쓰고, 여행하는 데 드는
비용은 아끼지 않는 편입니다. 그런데 지금보다 더 나이를
먹으면 소비 방식도 달라질 것 같긴 해요. 앞서 실버 시장에
관심이 많다고 말씀드렸는데, 제가 노인이 된다면 관련 분야에
지출이 많아지겠죠. 꼭 몸이 아픈 데만 돈을 쓰는 게 아니라,
그 삶의 단계에서 만들 수 있는 커뮤니티를 위해 쓸 것 같아요.
그게 대표적으로 실버타운일 듯 하고요. 그 결과 자연스럽게
'스테이폴리오다운 실버타운은 무엇일까?' 같은 고민도 하게
됐어요. 제가 이 사업을 개척한다면 더할 나위 없이 좋겠지만,
그러지 못해도 순수한 소비자로서 활발하게 소비할 것 같습니다.

—— 지금까지 '가장 현명하게 돈을 썼다'라고 여기는 소비가
     있다면 무엇일까요?

아무래도 테슬라 모델X를 산 게 가장 잘한 소비라고 생각합니다.
단순히 좋아하는 기업가의 브랜드라서는 아니에요. 일론 머스크의
생각이 담긴 차를 직접 운전하면 많은 걸 생각하고 느껴요. 실제로
테슬라는 자율주행과 같이 하드웨어와 소프트웨어가 결합한,
전에 없던 생태계를 만들고 있잖아요. 스테이폴리오도 다르지
않다고 생각합니다. 자동차를 집으로 치환해서 생각하면, 현재
테슬라가 차 안에서 구현한 모든 것을 집 안에서도 구현할 수 있지
않을까요? 여러모로 많은 영감을 받고 있어요.

—— 그럼 지금 갖지 못한 것들 중 무엇이든 돈으로 살 수 있다면
     무엇을 사고 싶은가요?

음, 왜 갑자기 청와대를 사고 싶을까요?(웃음) 빈 공간이 꽤 있을
테니까 제가 잘 활용할 수 있을 것 같은데요?

—— 남다른 생각이네요. 지금의 대표님이 있기까지, 수많은
    조언을 들었을 것 같은데요. 어떤 말이 가장 기억에 남나요?

예전에 제가 존경하는 기업인 한 분을 찾아가 한 시간 정도
이야기를 나누었는데, 이런 말씀을 해주셨어요. "기업은 성장해야
한다"라고요. 성장하지 않으면, 그러니까 현상유지하는 기업은
죽어가는 거라고 하셨는데, 그 말이 너무 기억에 남더라고요. 당시
제가 스테이폴리오를 창업하고 투자를 받기 전이었거든요. 앞으로
생길지도 모를 여러가지 좋지 않은 상황을 상상하던 때였는데,
그 말씀을 듣고 '나도 월급 줄 걱정, 임대료 낼 걱정이 아닌 더
생산적인 걱정을 하면서 회사를 제대로 키워보고 싶다'라고
생각하게 되었어요. 참 기억에 많이 남는 조언이었죠.

—— 그렇다면 이제 대표님의 조언을 한 번 들어보죠. 대표님처럼
    성공하고 싶은 이에게 어떤 조언을 해주고 싶은가요?

음, 혼자서는 할 수 없다고 말해주고 싶어요. 혼자 할 수 없고
팀이 필요하다고. 그 팀을 제대로 꾸리려면 물론 리더가 능력이
있어야겠죠. 리더십이나 자신의 비전을 설파할 수 있는 능력,
동료를 감화할 수 있는 능력 같은 것이요. 이런 역량을 바탕으로
훌륭한 팀원을 최소 세 명은 찾아야 한다고 생각해요. 그 후에는
그저 계속 나아가라고 조언할 수밖에 없어요. 그만큼 스타트업의
대표는 굉장히 어렵고 외로운 자리예요. 극단적으로 들릴 수
있겠지만 그럴 자신이 없다면 하지 말라고 하고 싶습니다.

—— 누군가 대표님에게 그런 조언을 했다면 도움이 됐을까요?

물론 그랬겠죠. 그리고 이람 대표님을 만난 2018년에
스테이폴리오가 첫 투자를 받았고, 이후 지속적으로 성장해
나아갈 수 있었는데요. 첫 투자를 해주신 이람 대표님을 만나지
못했다면 이루지 못했을 성과라 생각합니다. 그때의 제게 조언할
수 있다면 "너를 더 나아가게 해줄 분이니 끝까지 믿어라"라고
말해주고 싶네요. 또 이건 조금 판타지 같은 이야기인데, 20년
뒤의 이상묵이 오늘의 이상묵을 보고 "잘했다"라고 말할 수
있었으면 좋겠어요.

제주도 부동산에 투자해 건축한 눈먼고래는 이상묵이 개인 자산인 동시에 스테이폴리어를 대표하는 스테이이다.

그는 개인 투자의 상당 부분을 기업의 비즈니스와 일체화하고 있다.

Sangmuk Lee

카카오뱅크 '돈이 되는 이야기'에서
이상묵 인터뷰 영상을 만나보세요.

The Game **Changers**

열정을 품다, 돈을 벌다

The Game Changers
열정을 품다, 돈을 벌다

Magazine B
magazine-b.com
info@magazine-b.com

Kakaobank
kakaobank.com

Publisher
조수용 Suyong Joh

CEO
김명수 Myungsoo Kim

Editor in Chief
박은성 Eunsung Park

Lead Editor
장윤성 Yunseong Jang

Editor
한동은 Dongeun Han

Project Editors
남보라 Bora Nam
서동현 Donghyun Seo
서재우 Jaewoo Seo

Digital Editors
김재영 Jaeyoung Kim
김한슬 Hanseul Kim

Communication Editor
이하은 Haeun Lee

Copy Editor
박지석 Jiseok Park

Video Producer
이승훈 Seunghoon Lee

Photographer
윤미연 Miyeon Yoon

Art Director
최유원 Yuwon Choi

Guest Designer
강경탁 Gyeongtak Kang

Designer
박세연 Seiyeon Park

Brand Marketing
김현주 Hyunjoo Kim
한윤하 Yoonha Han
고연은 Yeoneun Koh

Sales & Distribution
김수연 Suyeon Kim
송수진 Soojin Song
김채린 Chaerin Kim

Finance
홍효선 Hyosun Hong

Publisher & CEO
윤호영 Hoyoung Yun

Chief Business Officer
이형주 Hyungjoo Lee

Director
윤윤재 Yoonjae Yoon

Project Managers
김나현 Nahyun Kim
최진영 Jinyoung Choi

Printed in the Republic of Korea
2024년 5월 24일 초판 1쇄 발행
등록번호 강남, 라00546
ISBN 979-11-93383-12-4 (03070)